신뢰의 리더
세종의 정치와 리더십

신뢰의 리더 세종의 정치와 리더십

초판 1쇄 인쇄	2012년 11월 01일
초판 1쇄 발행	2012년 11월 08일
지은이	정 영 현
펴낸이	손 형 국
펴낸곳	(주)북랩
출판등록	2004. 12. 1(제2012-000051호)
주소	153-786 서울시 금천구 가산디지털 1로 168, 우림라이온스밸리 B동 B113, 114호
홈페이지	www.book.co.kr
전화번호	(02)2026-5777
팩스	(02)2026-5747

ISBN 978-89-98268-17-6 03340

이 책의 판권은 지은이와 **(주)북랩**에 있습니다.
내용의 일부와 전부를 무단 전재하거나 복제를 금합니다.

신뢰의 리더

세종의 정치와 리더십

정영현 지음

book Lab

목
차

왜 이 글을 쓰는가? · 07
무엇을 어떻게 쓸 것인가? · 16

제 1 장 시대적 상황과 세종의 등장 · 21

1. 시대개관 · 22

　1) 왕정체제와 왕도적 민본정치

　2) 조선의 건국과 그 성격

2. 세종의 권위 · 51

　1) 세종의 권력과 권위

　2) 세종의 자질(資質)과 권위(權威)

제 2 장 왕도적 민본정치에 대한 세종의 통찰력 · 69

1. 창의적 정치비전 제시 · 70
   1) 숭유를 통한 통합의 정치
   2) 융성한 공렬을 통한 국리민복
   3) 적극적 사대 및 공세적 교린 외교를 통한 대외안보

2. 애민적, 미래지향적 인재 선발 · 98
   1) 백성에게 친근하고 선량한 관리 주문 - 열정과 충성
   2) 미래지향적 열린 마음으로 - 재주와 덕망

제 3 장 왕도정치와 세종의 통합력 · 107

1. 비전의 공유 · 109
   1) 존현사능, 신료는 국정의 동반자
   2) 소통(疏通)을 위한 언로개방

2. 개혁과 통합의 조화 · 139

3. 유교적 마인드의 확산 · 145
   1) 예적 질서의 확립
   2) 악(樂)의 정리

제 4 장 민본정치와 세종의 추진력 · 155

1. 민본정치를 향한 세종의 열정 · 156
    1) 애민적 시나리오와 그 성과
    2) 소외계층 배려
    3) 공세적 교린정책과 사대외교의 허실

2. 신료의 열정관리 · 179
    1) 동기유발
    2) 임파워먼트

3. 고뇌의 결단 · 193
    1) 강무의 실시
    2) 훈민정음 창제

제 5 장 세종의 리더십과 자유민주주의 · 209

1. 신뢰의 리더십 · 210
    1) 상보적 지휘자형 리더십
    2) 실용적 미래지향형 리더십

2. 민본정치와 자유민주주의 · 219

왜 이 글을 쓰는가?

세상의 거의 모든 공동체에서 리더십의 핵심은 신뢰(信賴)라 할 수 있다. 리더가 공동체 구성원들로부터 신뢰를 얻어야 진정성을 가진 사람이 모여 들고 올바른 영향력(影響力)을 행사할 수 있는 것이다. 부모는 가정에서, 종교인은 예배당에서, 기업인은 회사에서, 정치인은 나라에서 각각 그 구성원들의 신뢰를 얻고 존경을 받아야 부모답고 종교인답고 기업인답고 정치인다운 리더가 될 수 있는 것이다.

우리나라는 제 2차 세계대전 후 독립된 국가들 중에서 가장 성공한 나라로 인정을 받고 있다. 우리나라는 독립한지 겨우 60여년 만에 세계 20위권의 자유민주주의(自由民主主義) 국가, 세계 10위권의 무역국가(貿易國家)로 성장하였다. 이러한 결과는 수많은 우여곡절 끝에 이루어진 것이지만, 그 근저에는 교육열(敎育熱)에 불타는 우리의 전통(傳統), 기독교(基督敎) 신앙의 전래와 부흥에 의한 우리 국민들의 영적(靈的) 각성(覺醒), 그리고 대한민국 건국 후 몇몇 정치 및 경제 지도자들이 발휘한 시의 적절한 리더십 등이 어우러져 상승작용(相乘作用)을 일으킨 사실이 자리 잡고 있다.

그러나 이와 같은 성공적인 발전을 계기로 이제 우리나라가 선진국(先進國)으로 발돋움하려는 이 시국에, 정치권을 비롯한 각계각층(各界各層)에서 파열음(破裂音)이 들리고, 무역흑자가 늘어나는 것 외에는 더 이상 진전(進展)이 없어 안타깝다. 그 와중에서 정치지도자들은 자신의 벼슬살이와 집단이기주의에 매몰되어 국민의 신뢰(信賴)를 완전히 상실하였다. 그래서 지금은 그들의 리더십이 실종되고, 상당수 오피니언 리더들을 중심으로 정치권에 대해, 특히 정부여당을 향해 냉소적(冷笑的) 조롱(嘲弄)을 보내는 가운데 우리의 자유민주주의 체제는 위기(危機)를 맞고 있다.

이러한 정치사회적 현상과 관련하여, 우리나라가 이미 민주화(民主化)가 되었는데도, 진보를 내세워 현실로부터 동떨어진 민주화와 복지의 실현을 요구하는 좌파진영의 행태가 혼란을 부추긴다고도 하고,[1] 또는 '참여민주주의의 역기능' 내지 그것을 포함한 '순수형 민주정의 위기'라고도 한다.[2] 결국 포퓰리즘으로 귀결되는 분석들이지만, 문제는 그러한 현상이 선거철을 맞아 우리나라 정치를 선동선정정치(煽動煽情政治)로 몰아간다는 점이다.

선거는 원래 공화정(共和政)의 공직자 선출 방식이었는데(엄밀히 말하면 민주정은 추첨), 공화정의 매개로 자유주의와 민주주의가 복합되면서,[3] 현대 정치사회에서 정당성(正當性) 있는 정치권력(政治權力)을 획득하는 가장 중요한 기제(機制)가 되었다. 이와 함께 선거는 국민이 주권자(主權者)임을 확인하는 가장 뚜렷한 요소가 되었지만, 그것은 동시에 정치권력의 획득을 위한 포퓰리즘을 유발, 민주정치

---

1) 안병직, '증언' 한국민주주의의 기원과 미래(시대정신, 2011) 182쪽 참조
2) 박효종, '민주화 이후의 거버넌스' 위의 책, 289-302쪽 참조
3) 김주성, '보수주의와 민주주의' 위의 책, 209쪽. 이를 부연하면, 인간의 존엄성을 지키기 위해 자유롭게 개인의 생명, 재산, 행복 등을 추구하는 자유주의에 바탕을 두고, 정치, 경제, 사회, 문화 등 모든 영역에서 개인의 평등(기회균등)을 도모하는 민주주의가 곧 자유민주주의이며, 이러한 자유민주주의는 공공선을 중시하는 공화주의와 결합, 민주공화국의 형태를 띤다.

를 타락시키는 민주주의의 약점(弱點)이기도 하다. 이러한 약점은 민주화된 이후 우리나라에서 유독 두드러져 보이는데, 대체로 다음과 같은 두 가지 요인이 작용하는 것 같다.

우선 우리나라의 자칭 타칭 정치인들은 대부분 국가공동체를 위한 정치적 비전이나 가치를 실현하기 위해서라기보다는 자신의 입신양명(立身揚名)을 위해 정치 일선에 나서는 것 같고, 그래서인지 그들에게서 국가나 국민에 대한 외경심(畏敬心), 애정(愛情), 양심(良心) 등을 찾아보기가 쉽지 않다. 왜냐하면 그들은 대개 표(票)를 얻기 위해 시류에 영합하며 이합집산(離合集散)을 거듭하고 당(黨)의 간판을 여반장(如反掌)으로 갈아 치우는가 하면, 궤변과 선문답으로 국민들을 어리둥절케 하는 일이 다반사이기 때문이다. 특히 야권인사(野圈人事)들은 정권 쟁취에 도움이 된다는 판단에서인지 주사파 종북 세력과의 연대도 마다하지 않는다. 이러한 현상은 우리나라의 국민정서나 문화가 유난히 '정치적 감투'로, 그것도 '이긴 놈이 장땡이다.'라는 인식으로 인생의 성공여부를 판가름하려 하기 때문일 것이다.

또 하나는 종북 좌파세력의 집요한 권력의지(權力意志)이다. 사실 광복 후 대한민국의 건국세력과 산업화 세력은 자유민주주의 국가를 출범시켰고 북한 공산당의 남침을 막아냈으며 산업화까지 이룩함으로써 반공적 자유민주주의 국가로서 대한민국의 정통성과 정체성을 확립하였다. 그리고 87년 체제를 출범시킨 민주화 세력 역시 자유민주주의를 위해 헌신한 세력으로서 대통령 직선제 쟁취 등 민주화를 이루어내, 민주공화국인 대한민국의 정통성과 정체성 확립에 기여하였다. 그런데 문제는 민주화 운동을 수단으로 북한식

인민민주주의 운동을 했던 종북 좌익세력이 아무런 반성도 없이 진보세력으로 둔갑, 대한민국의 정통성과 정체성을 부정하는데, 그들을 포용한 야권 및 진보진영 역시 백범을 숭앙하고 이승만과 박정희를 폄하하는 등[4] 그들의 주장과 행태에 동조하면서 우리나라의 정통성과 정체성에 계속 문제를 제기하며 권력의지를 불태우고 있다는 점이다.

그런데 입신양명을 꿈꾸는 자들은 부패한 기득권자들로 매도되면서 그 정치적 영향력을 현저히 잃었고, 종북좌파 세력은 강남좌파[5]라 불리는 일부 오피니언 리더들에 편승하여 그 세력과 영향력을 크게 확대시켰다. 이들은 우리나라가 IMF 구제금융, 미국 발 금융위기, 유럽 발 재정위기 등을 겪는 와중에 정치권력, 경제권력, 노동권력 및 힘 있는 이익집단의 집단이기주의가 기승을 부리며 빈부격차 및 청년실업의 증가, 중산층의 감소 등의 허점을 드러내자 그것을 보수 정권 탓으로 돌리는데 성공한다. 이와 함께 그들은 진보의 기치(旗幟)를 내 걸고, 화끈한 포퓰리즘과 튀는 언설로 유권자들의 표심을 자극하며 특히 젊은이들의 영혼을 사로잡는다.

이런 상황에서 자칭 타칭 기존의 정치인들은 이들 좌파와 그 추종세력의 환심을 사기 위해 몸부림친다. 예컨대, 당의 간판을 밥 먹듯이 갈아 치웠지만, 그래도 전통야당의 맥을 잇는다고 자부하던

---

4) 인병직, 앞의 책, 180-181쪽 참조.
5) 386세대 인사들의 자기 모순적 행태를 일컫는 말로 알려져 있는데, 이들은 운동권 콤플렉스를 품고 있다가 민주화 운동이 다 끝난 후, 이제야 마음의 부채를 갚겠다고 나서는 자들로, 그들 중 더러는 유학 후 박사, 교수가 되어 철지난 친북사회주의 이론을 가르친다.(하태경, 민주주의는 국경이 없다, 2011, 65-71쪽 참조).

민주당은, 스스로 폐족이라 칭했던 열린 우리당의 잔존세력에게 당권을 바치고(민주통합당), 주사파 종북 세력이 중심이 된 통합진보당의 영향권 안으로 들어갔으며(선거를 위한 야권연대), 명색이 여당인 한나라 당은 당의 이름은 물론 정체성까지 내팽개치며 그들의 흉내라도 내려고 전전긍긍하더니, 최근 일부 야당세력의 종북 논란이 불거지면서 비로소 야당과의 차별화를 시도하고 있다.(새누리당).

이렇게 이른바 정치인들이 스스로 정치인으로서의 품격(品格)은 물론 그들의 양심(良心)과 신뢰(信賴)까지 내 던지고 있는 사이에 우리나라와 민족의 미래를 담보하는 정치적 비전이나 가치는 설 땅을 잃어가고 있고, 그 대신 대중의 인기에 영합하는 '선동선정정치'가 자리 잡아 가고 있다.

혹자(或者)는 우리나라 대학진학률이 80%가 넘고, 세계 최고 수준의 인터넷 및 스마트 폰 보급 등으로 우리나라의 민도(民度) 역시 세계 최고 수준인데 무슨 선동선정정치 운운하느냐고 반문할지 모르겠다. 그러나 선동선정정치는 이성(理性)보다는 감성(感性)을, 지성(知性)보다는 본능(本能)을 따르기 쉬운 인간의 속성을 이용하는 것이어서 민도의 높고 낮음에 크게 구애 받지 않는다. 오히려 민도가 높을수록, 실은 감성과 본능에 충실하면서도 그것을 이성과 지성으로 포장할 수 있어서 선동적이고 선정적 여론은 더욱 힘을 받는다. 게다가 정치라는 것이 원래 위선적(僞善的)이고 바람을 타는 속성(屬性)이 있으며, 영악(靈惡)한 정치세력은 이러한 속성을 이용하는 솜씨가 탁월하다는 점을 감안한다면, 선동선정정치의 위험성은 오히려 더 늘어나고 있다고 있다 해도 절대 과언이 아니다.

물론 이성과 지성보다는 감성과 본능에 호소하는 것이 반응이 훨씬 빠르고, 그것이 때로는 같은 시대의 아픔을 공유하는 우리가 인간으로서 동질감(同質感)을 느끼게 하면서 우리에게 한없는 위로(慰勞)와 새로운 희망(希望)으로 다가와 기존의 질서와 정치문화에 신선한 충격(衝擊)을 줄 수도 있다. 또 위선적이고 바람을 타는 정치의 속성이, 민심(民心)이라는 이름으로 혹은 여론(輿論)이라는 명분으로, 때로는 정치권을 긴장시키고 정신을 차리게 하는 긍정적(肯定的) 측면도 무시할 수는 없다. 그렇지만 정치는 우리의 감성과 본능만으로는 감당할 수 없는, 그리고 위선과 바람을 타는 민심(여론)만으로는 도달할 수 없는 숭고(崇高)한 목표가 있다는 사실을 명심할 필요가 있다. 정치는 국가공동체의 영원한 비전과 가치들, 즉 '국민통합, 국리민복, 대외안보' 등을 저버려서는 안 되는 것이다.

국민통합(國民統合)이란 자유로운 국민이 '나라와 민족에 대한 비전'을 공유하면서 뭉쳐 나라의 정통성과 정체성을 잘 지켜나가는 '정치 사회적 안정'을 말한다. 국리민복(國利民福)이란 나라가 부강해지고 국민들이 고루 풍요로운 살림살이 및 문화생활을 향유하는 '경제 문화적 번영'을 일컫는다. 그리고 대외안보(對外安保)란 국민들이 생명과 재산의 안전을 보장받으며, 전쟁의 위험 없이 안심하고 생업에 매진할 수 있도록 국방을 튼튼히 하면서 세계 여러 나라와 친밀한 유대관계를 맺는 '군사 외교적 평화'를 의미한다.

이러한 비전과 가치는 '공동체'를 중시하던 동양전래의 '왕도적 민본주의(王道的 民本主義)' 정치이념에서 비롯된 것이다. 왕도정치는 덕화교민(德化敎民), 곧 군왕의 독선과 독단을 배제한 문화정치 및 군신공치를 지향하는 것으로서, '존현사능(尊賢使能)'과 '언로개방(言路開放)'을 양대 축으로 하여 생성된 공론(公論)을 통해 백성통합을 꾀하는 정치를 말하며, 민본정치는 그 통합을 바탕으로 하여 양민(養民), 곧 '국리민복'과 '대외안보' 등 민생을 챙기는 정치다. 통합이 우선이며 그것은 군왕과 신민간의 신뢰(信賴)를 전제로 한다 (신뢰가 없어 통합이 부실해지면 물리적 강제력이 동원되기도 한다).

　이러한 정치이념은 '개인'을 중시하는 오늘날 민주주의 국가에서도 정치다운 정치를 위한 매우 유용한 개념이다. 지금 우리나라 선거판은 경제민주화와 복지경쟁을 화두로 '쇄신' '혁신' '복지' '낡은 정치' '새 정치' 등 듣기 좋은 단어들로 도배되고 있지만, 사실은 보수와 진보, 혹은 산업화 세력과 민주화 세력이 서로 관용과 소통, 그리고 조화를 이루며 통합을 도모하는 일이 최우선 과제가 되어야 한다. 통합이 안 되면, 위 듣기 좋은 말들은 말의 성찬으로 끝나거나 국회를 표류하게 되면서 국리민복은 물 건너가고, 동시에 허물어져 가는 안보의식과 안보 또한 위험에 처하게 될 것이다. 이것을 모르거나 외면하면 진정한 정치리더가 아니다.

　이 문제의식이 이 글의 출발점이다. 정치에서의 진정한 쇄신, 혁신, 그리고 새 정치는 근본을 충실히 하는 것이다. 정치의 근본은 국가공동체의 비전과 가치를 실현하는 일이지, 입신양명을 위해 시류에 영합하거나, 자파의 정치적 목적 달성을 위해 강력한 권력의지를 불태우면서, 권력을 탐하는 일이 아니다. 신뢰의 정치리더는 근본에 충실한 자다. 논자는 이러한 리더의 출현을 기대하며, 또 그로부터 이 땅에 새로운 정치문화가 탄생되어 민주주의 사회의 위기와 약점이 극복되기를 기원하는 마음으로 이 글을 쓰게 되었다.

이를 위해 필자는 민본정치의 달인(達人)이라 할 수 있는 위대한 정치인(政治人)인 세종(世宗)의 정치와 리더십을 주목하고자 한다. 세종은 공론정치를 전제로 한 민본정치의 비전과 가치를 한 시도 잊지 않고 그것의 실현을 위해 온 몸을 던진 신뢰(信賴)의 정치리더다.

민주화 이후 이 땅의 정치리더들이 한계를 드러내는 상황에서 세종의 정치와 리더십은 재조명(再照明) 될 필요가 있고, 나아가 학습되고 권장되어야 한다. 물론 세습제(世襲制)요 종신직(終身職)인 군왕의 정치적 환경과, 선거제(選擧制)요 임기제(任期制)인 대통령의 그것이 같을 수는 없을 것이다. 그렇지만 세종이 기획하고 상연하여 조선 백성이 누렸던 왕도적 민본정치는 법치정치(法治政治)인 오늘날 우리의 자유민주주의체제의 약점을 상당한 수준으로 보완해 줄 수 있을 것이다. 왜냐하면 왕도정치냐 혹은 자유민주정치냐의 차이는 있을지언정 그 궁극적 비전과 목표는 바로 민본의 정치이기 때문이다. 다시 말하면 과거에 민생을 위해 왕도정치를 지향했듯이 오늘날에도 민주정치의 목표를 민생에 둔다면, 자유민주주체제의 약점(공론부재에 따른 통합의 결여, 빈부격차)이 상당부분 해소될 것으로 보인다는 의미다.

특히 '민본정치'는 개인주의와 공동체주의의 조화를 모색해 보려는 것으로, '민주공화국(民主共和國)'인 우리나라에서 민주적 요소와 공화주의(共和主義)적 요소를 좀더 강화시켜 줄 수 있을 것이다. 왜냐하면 민본주의는 '양민(養民)'을 추구하는데, 이것은 나라의 근본인 백성을 경제적으로 자립시켜 국리민복을 꾀하고 대외안보를 도모하려는 것으로, 경제적 자립이 개인의 자유에 입각하는 민주적 요소의 강화라면, 국리민복과 대외안보의 확보는 공동체의식에 입각하는 공화주의적 요소의 강화이기 때문이다. 그리고 이렇게 자립하는 백성이 늘어난다면 '자유민주주의' 체제의 약점인 사회경제적 불평등(不平等)도 완화되어 그러한 불평등을 구실로 '자유민주주의'에서 '자유'를 떼어 내자거나 혹은 평등사회를 약속하며 전체주의적(全體主義的) 독재(獨裁)를 정당화하는 사회주의나 공산주의 체제의 출현을 방지할 수 있을 것이다.

부디 이 글이, 현재와 미래 정치인들에게는 리더십의 귀감이 되고 유권자들에게는 리더다운 리더를 모색하는 일에 도움이 되기를, 그리고 자라나는 학생들에게는 리더십을 함양하는 밑거름이 되기를 바라마지 않는다.

무엇을 어떻게 쓸 것인가?

　세종은 역사상 그에게 필적(匹敵)할만한 인물을 찾아볼 수 없을 정도로 엄청난 업적(業績)을 남겼다. 그러나 이 글은 그의 업적을 나열하는 데 있지 않고 그러한 업적을 이룰 수 있었던 그의 정치와 리더십을 살펴보려 한다.
　리더십에 관한 논의는 다양하지만, 그것이 영향력(影響力)의 행사와 밀접한 관계에 있다는 데에 있어서는 대체로 의견이 일치한다.[6]
　영향력이란 리더가 추종자(공동체의 구성원, 이하 생략)의 생각을 바꾸고 행동을 유발시켜 변화를 이끌어낼 수 있는 힘이며, 그 영향력을 형성하는 주요 자산은 리더의 권력(權力)과 권위(權威)다. 권력은 리더가 추종자에 대해 자신의 의도를 관철시킬 수 있는 힘이며, 일반적으로 규정된 리더의 정치 사회적 지위와 역할에서 나온다. 권위는 리더가 추종자의 신뢰를 얻어 추종자의 자발적 순종을 이끌어내는 힘으로서, 그것은 주로 리더의 자질, 곧 리더의 도덕성(道德性)과 효율성(效率性)에서 비롯된다.
　그런데 리더의 권력보다는 권위가 그의 영향력 행사에 있어 보다 중요한 자산(資産)이 된다. 왜냐하면 리더십은 추종자의 자발적(自發

---
6) 정영현, '다윗왕의 리더십과 다윗왕국의 비밀' 서문 참조

的)인 협력(協力)을 전제로 하며, 그러한 협력은 리더를 신뢰하는데서 나오기 때문이다. 물론 권력도 리더의 영향력 발휘에 있어 중요한 자산이므로 그 권력을 권위의 토대로서 잘 선용한다면, 그것도 리더십의 한 축을 이룬다고 할 수 있다.

그리하여 리더십이란 '리더가 자신의 권위에서 비롯된 영향력을 발휘하여 추종자를 모으고 그들과 함께 공동체의 비전을 실현시켜 가는 기술이요 힘'이라 정의하고 논의를 진행하려 한다. 이와 관련하여 권위의 한 축이 되는 권력의 문제도 고려하겠지만, 그 보다는 권위의 주축이라 할 수 있는 리더의 신뢰성에 주목하고자 한다.

이러한 신뢰의 리더십은 공자의 정치론에서도 발견된다. 공자는 계강자가 정치를 물었을 때는 정치란 바른 것(政者正也) 이라 했고, 제공경이 정치에 대해 물었을 때에는 명분이 바로 서야 한다 (正名論) 고 했다. 그리고 자공이 정치에 대해 물었을 때는 백성의 먹을거리를 풍족하게 해 주고, 군대를 충실하게 하여 백성에게 신뢰를 얻는 일(足食足兵 民信之矣)이라고 했는데, 이어 자공이 그 중 부득이 차례로 버려야 할 것을 묻자 공자는 군대와 식량이라고 대답하면서 군왕이 백성에게 신뢰를 얻지 못하면 나라가 설 수 없다고 결론짓는다(民無信不立).[7]

이러한 공자의 가르침을 종합해보면, 정치란 리더가 자신의 도덕성과 효율성에서 비롯된 신뢰의 리더십을 발휘하여 많은 추종자들을 얻고 그들과 함께 나라와 민족의 비전을 실현시키는 일이다. 여

---

7) 논어 '안연

기서 도덕성은 바른 것(政者正也 子帥以正 孰敢不正)이요, 효율성은 정치사회적 질서를 명실(名實) 공히 바로 잡아(正名, 君君臣臣父父子子) 통합(統合)을 이루고, 백성들의 먹을거리를 넉넉하게 해 주어(足食) 국리민복(國利民福)을 기하며, 백성들의 안전보장을 위해 군대를 충실히 하여(足兵) 대외안보(對外安保)를 이루는 일이다. 그러면 백성들의 신뢰를 얻는 (民信之矣) 정치가 되는 것이다. 이로부터 우리는 '신뢰의 리더십'이 리더의 투철한 도덕성(道德性)에 바탕을 둔 탁월한 효율성(效率性)에서 나온 것임을 알 수 있다.

이를 부연하면, 리더의 도덕성은 '바른 것'인데, 그것은 정치리더로서 사사로움(私者, 三私 - 私利私慾, 奢侈性, 邪惡性)을 버리고 공공선(公共善, 三公 - 公正, 公義, 公益)을 추구하는 일이다. 이러한 도덕성은 사생활까지 완벽하면 더 말할 나위가 없겠지만, 인간으로서의 한계를 고려하면 역시 완벽한 도덕성이라기보다는 공인(公人)으로서 공공선과 사사로움을 분명히 구분하여 공공선을 쫓는, 영적(靈的) 지적(知的) 분별력(分別力)에 근거한 실천이라 할 수 있을 것이다. 그리고 정치리더로서 공공선의 추구는 공정과 공의를 통해 공익, 곧 국가경영과 관련된 '국민통합, 국리민복, 대외안보' 등을 실현하는 일이다.

이러한 투철한 도덕성에 바탕을 둔 효율성은 바로 공공선을 실현하는 리더의 역량이다. 정치리더의 효율성은 대개 '통찰력'과 '통합력', 그리고 '추진력' 등을 통해 살펴 볼 수 있다. 리더가 이러한 역량을 잘 갖추어 뛰어난 성과와 업적을 낳게 될 때, 우리는 그것을 탁월한 효율성이라 부를 수 있을 것이다. 다만 한 가지, 리더가 쿠데타나 혁명, 또는 그와 유사한 행위를 통해 집권하는 경우에도 뛰어난 효율성을 발휘하는 수가 있으나 '신뢰의 리더'가 되기는 어렵다는 점을 유의할 필요가 있다.

이것을 부연하면, 우선 통찰력(洞察力)은 사물이나 사태의 본질을 꿰뚫어 보는 능력이요 인물의 됨됨이를 알아보는 안목이다. 이를 통해 리더는 자신과, 자신이 속한 공동체 및 그 구성원의 정체성을 파악하고 비전을 제시하며, 동지들을 선발하여 공동체의 안정과 발전 그리고 그 미래에 대비한다. 이 통찰력은 구성원들의 신뢰를 얻는 가장 기본적이고 핵심적인 리더의 자질이다.

다음 통합력(統合力)은 리더가 공동체 구성원들의 다양한 이해관계(利害關係)와 모순적(矛盾的) 상황을 잘 조정(調整)하여 그들이 서로 관용하고 소통하며 마음과 뜻이 통하는 하나의 공동체를 이루도록 조화시키는 능력이다. 이를 위해 리더는 공동체 구성원들과 비전을 공유(共有)해야 하고 그들과 소통하며 비전의 실현을 위한 동지들을 규합(人事)하는 한편, 비전을 중심으로 새로운 정치문화를 창출하는 일에도 심혈을 기울여야 한다.

그리고 추진력(推進力)은 리더가 제시하고 공동체가 합의한 비전을 현실로 나타나게 하는 능력, 곧 바람직한 방향으로 공동체의 변화를 일으켜 확실한 성과를 내는 능력이다. 리더는 행동가다. 리더는 비전의 전파와 함께 장.단기 목표를 세우고 철저한 시나리오를 작성, 열정적이고 과단성 있게 일을 추진하되, 조직 구성원들의 동기(動機)를 유발하고 그들에게 힘을 실어줄 수 있어야 한다. 특히 눈에 보이는 성과는 신뢰 확보의 관건(關鍵)이다.

세종은 이러한 리더십의 요소를 두루 갖춤으로써 왕도적 민본정치의 비전인 '통합, 국리민복, 대외안보'를 이룩할 수 있었다. 그러면 세종은 어떻게 그러한 리더십을 갖출 수 있었는가?

이와 관련하여 필자는 세종이 '수불석권(手不釋卷)'의 독서가, '심득(心得)'의 독서가, '집중(集中)'의 독서가, 그리고 '편벽(偏僻)되지 않는' 독서가였다는 점에 주목한다. 물론 그러한 독서를 한다고 해서 반드시 바른 성품이 길러지고 리더십이 길러지는 것은 아닐 것이다. 그렇지만 그 독서가가 그 내용을 자신의 삶으로 승화시킨다면 이야기가 달라진다.

세종은 독서한 내용을 정치과정에 실천하려 애썼다. 그는 경서(經書)를 읽고 사서(史書)를 읽으며 임금의 가장 큰 도리는 백성을 경외(敬畏)하고 사랑하는 것임을 통찰한다. 세종은 정치리더로서 자신과 나라와 백성의 정체성(正體性)을 찾아낸 것이다. 여기서 혹 경외니 사랑이니 하는 말이 진부하게 들릴 수도 있겠지만 그래도 사실을 부인할 수는 없는 일이고, 그 통찰이 세종으로 하여금 투철한 도덕성과 탁월한 효율성을 갖게 하여 그를 신뢰의 리더가 되도록 이끈다. 오직 선거에 이기기 위한 포퓰리즘이 난무하는 오늘의 정치에서 무슨 사랑 타령이냐 하겠지만 정치에서도 사랑은 통한다.

이러한 신뢰의 정치리더인 세종의 정치와 리더십을 필자는, '조선왕조실록'을 기본적 분석 대상으로 삼고 그 동안 발표된 여러 가지 2차 자료들을 참고하여 그려볼 것이다.

제 1 장

시대적 상황과 세종의 등장

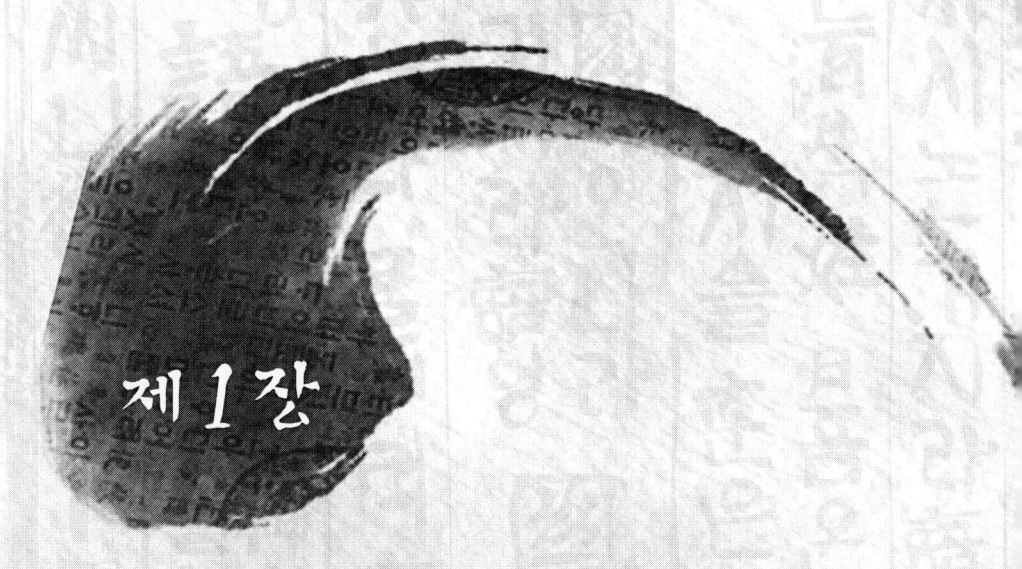

01 시대개관

1) 왕정체제와 왕도적 민본정치

왕정체제의 가장 큰 특징은 군주가 종신직(終身職)이고 세습(世襲)된다는 점이다. 종신직인 세습군주는 대개 나라의 주권과 영토, 그리고 백성의 주인행세를 하며 전통적 권위를 갖는다. 이에 따라 군주를 제외한 백성들은 당연히 군주의 신민(臣民)이 되며, 군주의 권력과 권위에 복종한다. 군주는 지배자가 되고 신민은 피지배자가 되는 것이다. 이 왕정체제에서는 나라와 나라의 정점(頂點)인 군왕에 대한 충성심이나 의리는 강조되지만 민족감정이나 애국심 등은 아무래도 실감이 덜하다. 왜냐하면 왕정체제는 아직 국민의 개념이 형성되어 있지 않았기 때문이다.

따라서 비록 군왕이 세습되어 전통적 권위를 가지고 주권을 행사하던 시대라 해도[8] 백성들의 복종을 이끌어 내는 일은 오늘날과

---
8) 조선왕조의 주권에 관하여는 논란의 여지가 있다. 여기서는 군왕이 세습군주로서 법을 초월하여 그 역할을 수행한다는 의미에서 주권자로 취급한다. 실제로 조선왕조의 법전인 '경국대전'에는 군왕에 관한 규정이 없다.

크게 다를 바 없었다. 즉 민심을 수습하고 백성을 하나로 통합하기 위한 개혁정책은 간단없이 추진되었다. 우리 역사상 근세로 접어드는 조선조의 개창 역시 여말(麗末)에 바로 이러한 개혁이 추진되다가 혁명에 이른 경우로서, 그것은 단순한 역성혁명(易姓革命)이라기보다는 당시 주자학이라는 이름의 개신유학을 접한 일군의 신진 사대부(문신)와 신흥 무장세력(무신)들이 합세하여 이루어 낸, 역사적 의의가 있는 합작품이었다.

주자학의 정치이념은 도학정치다. 도학정치는 맹자의 왕도정치론에서, 그리고 왕도정치론은 공자의 덕치(德治) 및 예치(禮治)론에서 비롯된다.

"행정명령으로써 이끌고 형벌로써 질서를 세우려 한다면 백성들은 형벌을 면하고자 할 뿐, 부끄러워하는 마음이 없게 된다. 덕으로써 이끌고 예로써 질서를 바로 세우려 한다면 부끄러워하는 마음도 있게 될 뿐 아니라 또한 바르게 될 것이다.(道之以政 齊之以刑 民免而無恥, 道之以德 齊之以禮 有恥且格)"(논어/위정)

공자의 정치론은 군왕이 행정명령과 엄격한 형벌로써 백성을 다그치면 백성들이 겉으로는 복종하는 듯하지만 속마음까지 복종하지는 않아 법망(法網)을 빠져나갈 궁리만 하는 법이니, 그 대신 군왕이 덕(德)으로 리드하며 예(禮)로써 질서를 바로 세우는 일에 힘쓴다면, 백성이 예에 어긋나는 일을 스스로 수치스럽게 여기는 마음을 가지게 되어 정치사회적 질서가 바로 잡힐 수 있다고 보는 것이다. 공자는 리더가 백성의 신뢰를 얻는 일이 정치의 요체임을 강조한 것이다. 정치에 있어 신뢰의 중요성은 '제 가치의 권위적 배분'이라는 서양의 정치개념에서도 발견된다. 정부가 신뢰를 잃으면 제 가치의 권위적 배분은 불가능하기 때문이다.

공자에 의하면, 정치리더가 이러한 신뢰의 리더십을 갖추려면 "먼저 사람이 되고 나서 지도자가 되어야"(修己治人, 修己安人, 內聖外王, 修身齊家治國平天下) 하며, '된 사람'의 기준은 인(仁)이다. 공자에게 있어 인은 다양한 의미를 내포하고 있으나 그것들을 '사랑과 자비'라는 말로 요약하면 충분할 것이다. 공자는 자신의 욕망을 이겨내고 예를 지키면 인(사랑과 자비)을 베풀 수 있다고 했으며(克己復禮爲仁), 그 사랑과 자비로운 선행의 축적(積善)이 바로 덕(德)을 쌓는 일이라고 했다. 군왕이 이렇게 자신의 욕망을 이겨내고 예를 지키며 덕을 쌓아(修己) 치국(治國)에 임하면, 그것이 바로 예적 질서에 입각한 덕치로서 가장 바람직한 정치라고 설파한다.

이러한 공자의 정치론은 당시 사회의 기류를 바꾸어 놓는다. 당시 사회는 엄격한 신분사회요 혈통사회였다. 귀족은 핏줄로 귀족이 되고 지배자가 되던 시절이었다. 그런 상황에서 덕과 예를 강조하는 공자의 가르침은 신선한 충격이었다. 지배자로서의 혈통도 중요하지만, 그보다 더 중요한 것이 예를 알고 덕을 쌓아 지도자로 입신하는 일이 된다. 귀족도 이른바 성인(聖人)을 목표로 공부하여 적어도 군자(君子)가 되어야 지도자가 될 수 있으며, 평민도 예를 알고 덕을 쌓으면 군자가 되어 지도자로서 입신양명(立身揚名) 할 수 있다는 사회적 기류가 나타나기 시작한다. 그리하여 공자가 강조한 '수기안

인' 또는 '수기치인'의 정신은 당시 신분의 고하를 막론하고 공부를 열심히 하는 기풍을 낳게 한다. 뿐만 아니라 공자의 가르침은 귀족에게 적용되던 '예'라는 사회규범이 평민에게까지 확대 적용되는 계기가 된다. 당시까지 '예'는 귀족의 자율규범이었고 평민은 '법'에 의한 강제규제의 대상이었는데, 공자의 덕치나 예치의 정신은 평민들에게도 '법'보다는 '예'를 우선적으로 적용해야 된다는 논리로 발전하게 되었기 때문이다.

이렇게 예론적(禮論的) 질서(秩序)에 입각한 덕을 쌓는 일이 널리 권장된 것은 공자의 정치이론인 덕치론이 갖는 정치적 함의와 밀접한 관련이 있다. 공자는 덕치를 다음과 같이 설명한다.

"덕으로 하는 정치는 비유컨대 북극성이 제 자리를 지키고 뭇별들이 함께 하는 것과 같다.(爲政以德 譬如北辰,居其所 而衆星共之)"(논어/위정)

덕치(德治)란, 북극성(北極星)을 중심으로 모든 별들이 '자연의 이치'에 따라 질서 정연하게 함께 움직이는 것처럼, 군왕을 중심으로 모든 신민이 자연의 이치에 상응하여 형성된 '예적(禮的)질서'에 따라 정연하게 함께 움직이는 정치인 것이다. 이것은 군왕이 정치과정의 중심이 되지만, 신민들의 자발적인 협력을 절대적으로 필요로 하는 정치, 곧 군신공치(君臣共治) 내지는 군신협치(君臣協治, 군신간 협력형 통치, governance)를 상정하고 강조하는 정치적 함의를 지닌다.

이러한 공자 정치론의 비전은 당우삼대(唐虞三代)의 이상사회. 곧 대동사회(大同社會), 혹은 적어도 소강사회(小康社會)의 건설이다(孔子曰

大道之行也 與三代之英 丘未之逮也 而有志焉 大道之行也 天下爲公…… 여기서 大道之行은 大同社會요, 三代之英은 하, 은, 주의 小康社會다).

"대동사회는 대도(大道)가 행해지던 천하위공(天下爲公)의 사회다. 나와 남의 구별이 없이 서로 도우며, 남녀노소 누구나 먹을 것 걱정 없고, 도둑과 외침이 없어 문을 잠글 필요가 없는, 그야말로 이상적인 '사랑, 정의, 평화'의 공동체다. 그러나 대도가 숨어버리는 바람에 천하위가(天下爲家)의 시대가 도래한다. 그리하여 나와 남의 구별이 생기고 세습권력이 나타나 공(功)을 자기의 것으로 삼으며 꾀를 씀이 나타나는가 하면 전쟁이 일어나게 되었다. 이에 천자와 제후들은 성곽(城郭)과 구지(溝池)를 견고히 하고 예의(禮義)로 기강(紀綱)을 세워 군신, 부자, 형제, 부부관계를 바르고 화목하게 했다. 또한 이로써 제도를 베풀고 경작지와 마을을 세웠으며, 용기와 지식이 있는 사람을 훌륭하게 여겼다. 특히 우, 탕, 문, 무, 성왕, 주공 등 여섯 군자들은 예(禮)를 삼가고 의(義)를 밝혔으며, 신(信)을 이루고 허물을 밝혔다. 또 인(仁)을 모범으로 삼고 겸양(謙讓)을 가르쳐 백성들에게 떳떳한 법도(法度)를 보여주었다. 만일 이러한 것에 말미암지 않은 사람이 있다면, 권세가 있는 자도 제거되었고, 백성들도 이것을 재앙으로 여겼다. 이것이 바로 소강사회이다."(예기, 예운)

오늘날 정치의 개념에 관한 다양한 견해가 존재하지만, 그것들을 종합해 보면 대체로 위 대동사회 및 소강사회의 건설을 비전으로 삼는 공자의 정치론(政者正也, 正名, 足食足兵 民信之矣)을 벗어나지 않는다. 다시 말하면 정치란 정치리더가 공공선을 쫓는 자신의 도덕성을 바탕으로 하여, 정치사회적 명분과 질서를 바로잡아(예의로 기강을 세워 군신, 부자, 형제 부부관계를 바르고 화목하게 함) 통합(統合)을 이루고, 경제문화적 풍요를 베풀어(제도를 베풀고 경작지와 마을을 세웠으며, 용기와 지식 있는 사람을 훌륭하게 여겼다) 국리민복(國利民福)을 기하며, 군사외교적 안보를 든든히 하여(성곽과 구지를 견고히 하였다) 대외적(對外的) 안정(安定)을 이룩하는 일이다. 요약하면 '국민통합, 국리민복, 대외안보'가 바로 '공공선'으로서 정치가 추구해야할 비전이요 핵심가치인 것이다.

이와 같은 공자의 덕치론을 좀 더 진전시켜 왕도정치론으로 정리해 낸 사람이 바로 맹자다. 그는 공자보다 약 2세기 후 전국시대의 정치이론가로 활약했는데, 맹자 정치론의 근저에도 역시 '된 사람'의 기준인 인(仁)이 자리 잡고 있다. 그는 인의 근본인 효제의 실천이 충서(忠恕)로 확충될 때 천하가 다스려진다고 주장한다.

이와 관련, 유교의 인(仁,사랑과 자비)은 자신이나 자기 가족부터 우선 챙긴다는 점에서 차별애(差別愛)적인 성격을 지니지만, 그 가족애를 사회와 나라를 향해 단계적으로 점차 확충(擴充)시켜간다는 이상을 지니고 있으므로 단순히 차별애에 머무르지 않는 것임을 유의해야 한다.

즉 인의 근본은 효제(孝悌)이고, 효제의 실천은 가부장적 질서에 순종하는 것이다. 그런데 가부장적 질서는 종법제도(宗法制度)를 매개로하여 봉건제도(封建制度)로 확대된다. 가부장적 개별 가족의 아버지(父)는 종법제도에서는 종자(宗子)로, 봉건제도에서는 천자(天子)

로 확대되어 민(民), 즉 백성의 수많은 종족들이 천자의 가족을 정점(頂點)으로 수직적 위계질서 안에 포섭되는 것이다.[9]

이와 같이 인의 근본인 효제의 실천이 가부장적 질서를 넘어 확대되면, 그때 仁은 충(忠)과 서(恕)로서 그 실천의 본질을 드러낸다. 공자는 "나의 도는 하나로 관철되어 있다(吾道一以貫之)"라 했고, 증자는 그것을 "공자의 도는 충서일 따름이다(夫子之道忠恕而已矣)"라고 풀이한다. 여기서 충(忠)은 자기 자신을 다하는 참된 마음(盡己之謂忠, 논어집주)이요, 서(恕)는 그 참된 마음을 바탕으로 자신의 마음을 미루어 타인의 마음을 헤아리는 것이다(己所不欲 勿施於人, 논어, 위령공). 정자는 이러한 충서(忠恕)의 관계를 체용(體用)의 관계(본체와 작용)로 본다. 이것은 공자가 '서(恕)의 마음으로 열심히 하면 인(仁)은 그 곳에 있다'(논어, 진심 상)고 한 것과 상통한다. 이와 함께 공자는 '인(仁)은 자기가 입신하려면 먼저 남을 입신케 하고, 자기의 뜻을 이루려면 먼저 남의 뜻을 이룰 수 있게 하는 것'(논어, 옹야)이라 했으므로, 결국 서(恕)는 자기의 참된 마음(忠)에 비추어 '자기 싫은 일을 남에게 시키지 않는'다는 다소 소극적인 의미는 물론 '타인을 세워주고 그 뜻을 이루어주는' 적극적 의미도 포함된다.

이러한 효제와 충서의 관계를 쉽게 풀어 정치와 관련지어 설명한 사람이 바로 맹자다. 맹자의 정치론은 다음과 같다.

"나의 어버이를 존경하고 그 마음을 미루어 남의 어버이를 존경

---

9) 최진덕, '유학의 민본사상' 민본주의를 넘어서(2000, 청계) 참조

하는 데에 미치고, 나의 자식을 사랑하고 그 마음을 미루어 남의 자식을 사랑하는데 미치면, 천하를 손바닥으로 움직일 수 있다.(老吾老 以及人之老 幼吾幼 以及人之幼 天下可運於掌)."(맹자, 양혜왕 상 7)

이것은, 우리는 '가까운 데서 취하여 깨달아 사랑을 실천함으로' 즉, 가족에 대한 사랑과 자비의 마음을 이웃으로 확충함으로써 우리가 사는 사회와 국가를 사랑과 자비의 공동체로 만들 수 있다는 공자의 주장을 뒷받침하는 것으로, 그 꿈이 바로 대동사회, 혹은 그에 미치지 못하더라도 그에 버금가는 소강사회의 건설인 것이다.

이와 같은 정치론을 펴기 위해 맹자는 성선설(性善說)을 내세운다. 맹자에 의하면 인간의 본성은 선하며(四端之心), 그 선한 본성 때문에 인의(仁義)의 정치가 가능하다. 맹자에 있어 의(義)란 인(仁)의 실천, 즉 효제(孝悌)와 충서(忠恕)의 절도 있는 올바른 실천으로서 호연지기(浩然之氣)를 필요로 한다. 그래서 그는 의(義)와 이(利)를 구분하여(義利之辨), 의(義)를 추구하는 왕도정치(王道政治)를 존귀하게 여기고, 이(利)를 추구하는 패도정치(覇道政治)를 천시하며,(尊王賤覇). 왕도정치의 주체인 군왕에 대해 덕을 많이 쌓은 성인(聖人) 내지 군자(君子)로서 백성의 리더로 천명(天命)을 받은 존재라고 본다.

'서경'에 의하면, 천(天)은 가장 총명하고 덕망이 있는 사람을 군주로 임명한다. 이에 근거하여 맹자는 천(天)이 정치적 권위의 궁극적 근거라고 보았다. 천(天)만이 왕을 지명할 수 있다는 것이요(天命論), 천의 지명을 받았는가의 여부는 백신(百神)의 흠향과 백성의 평안 등을 통해 확인된다는 것이다. 그런데 사실 백신의 흠향 여부는 우리가 확인하기 어려운 문제다. 그리하여 맹자는 민심에 더욱 비중을 두고 민심은 천심이라는 맥락에서, 민심을 통해 천명(天命)이 확인된다고 하였다.(民心天心論).[10]

"천하를 얻는 데는 방법이 있으니, 그 백성을 얻으면 천하를 얻을 것이다. 백성을 얻는 데는 방법이 있으니, 백성의 마음을 얻으면 백성을 얻을 것이다.(得天下有道 得其民 斯得天下矣 得其民有道 得其心 斯得民矣)"(맹자, 離婁 上 9)

맹자는 민심(民心)을 얻는 것이 곧 천하(天下)를 얻는 방법이라 주장한다. 이것은 백성의 신뢰를 얻는 일이 정치의 전부라 해도 과언이 아니라는 공자의 주장과 상통한다. 맹자는, "천은 백성들을 불쌍히 여겨 백성들이 원하는 바를 반드시 따른다."라거나, "천이 보는 것은 우리 백성을 통해 보는 것이며, 천이 듣는 것은 우리 백성을 통해 듣는 것이다."라는 '서경'의 가르침을, 천하를 얻는 방법과 결부시킨다. 맹자는 우리가 눈으로 보고 귀로 들어 마음 속 깊이, 그리고 피부로 느끼는 민심을 전면에 내세워 그 민심이 바로 천심으로서 천명이 되고, 그 천명에 의해 임금이 탄생하여 그가 임금다운 임금 노릇을 할 때 왕도정치가 작동한다고 보는 것이다. 맹자는 천이 왕을 지명하는 천명의 근거를 민심에서 찾고 있는 것이다.

이로부터 왕도정치는 백성(추종자)을 임금(리더)보다 더 중히 여

---

10) 이상익, 유교전통과 자유민주주의(심산, 2005) 343쪽

기는(民重君輕說) 민본정치(民本政治)의 모습을 드러내면서, 왕도정치는 왕도적 민본정치(王道的 民本政治)의 성격을 지니게 된다. 맹자에 의하면 왕도정치는 '불인인지심(不忍人之心)'의 정치요, 민본정치는 '양민(養民)'의 정치다.

여기서 양민은 '백성들은 생활이 안정되지 않으면 바른 마음을 견지하기 어렵기(無恒産無恒心)' 때문에 정치의 핵심요소가 된다. 다음은 맹자가 말하는 양민의 표본이다.

"옛날에 문왕이 기(岐)를 다스릴 때에 농사짓는 사람에게는 9분의 1을 세로 받았고, 벼슬하는 사람에게는 대대로 녹을 주었으며, 관문(關門)과 시장은 기찰(譏察)하기만 하고 세금을 물리지 않았고, 일반 백성이 연못에서 고기 잡는 것을 금하지 않았으며, 죄인을 처벌할 때 그 처자에까지 연계시키지 않았다. 늙어서 아내가 없는 사람을 환(鰥), 남편이 없는 사람을 과(寡), 자식이 없는 사람을 독(獨), 어려서 부모가 없는 사람을 고(孤)라 한다. 이 네 부류의 사람들은 세상에서 가장 어려운 사람들이니 문왕이 인정을 베풀 때에 반드시 이들을 먼저 배려하였다."(맹자, 양혜왕 하,5)

민본정치의 기본은 '양민'으로서, 백성들이 모두 자유롭게 생업에 종사하도록 하여 그들의 생활을 안정시키는 일이다. 요즈음의 말로 자유로운 시장, 완전고용(完全雇傭)을 추구한 것이다. 또 너무 늙어 홀로 되거나 어려서 생업을 가질 수 없는 자들(鰥寡獨孤)에게는 그들을 먼저 배려함으로써 인간다운 생활을 할 수 있도록 조처하는 일이다. 요즈음의 말로 사회복지다. 그리고 이를 위해 맹자는, 군왕이 불인인지심의 정치를 펴야 한다고 주장한다.

"사람은 누구나 타인에게 차마 어찌하지 못하는 마음을 가지고 있다. 선왕들은 그러한 불인인지심이 있어 차마 백성들에게 잔인하게 대하지 못하는 정치를 펼쳤다. 이러한 불인인지심으로 불인인지정을 펼친다면 천하를 다스리는 일도 손바닥 위에서 움직이듯 쉬울 것이다.(人皆有不忍人之心 先王有不忍人之心 斯有不忍人之政矣, 以不忍人之心 行不忍人之政 治天下可運之掌上"(맹자, '공손추' 상)

이렇게 차마 어찌하지 못하는 마음으로 백성들에게 잔인하게 대하지 못하는 정치를 편다는 것은 바로 덕화교민(德化敎民)을 통해 신뢰를 얻고 백성을 통합하는 정치를 의미한다. 이것은 전제(專制)나 억압정치가 아닌 문화정치로서 군왕이 존현사능(尊賢使能)하며 자신의 독단과 독선을 경계하는 정치다. 이러한 정치는 당연히 군왕이 신민과의 소통을 중시해야 하므로 언로개방(言路開放)이 필수적이다. 따라서 왕도정치란 존현사능과 언로개방(소통)을 양대 축으로 하여 덕화교민을 꾀하는 통합의 정치요, 그 궁극적 비전이나 목표는 바로 양민, 곧 민생을 챙기는 민본정치로서 '국리민복과 대외안보'로 구체화된다. 요컨대 왕도정치가 통합에 비중을 두는 개념이라면 민본정치는 민생에 비중을 두는 개념이다.

이렇게 해서 나라의 '통합, 국리민복, 대외안보'가 가시화되면 그것이 바로 백성들이 감화 감동하여 군왕과 백성들이 함께 즐기는(여민동락, 與民同樂) 정치다.

"제가 왕께 음악에 대해 말씀드리겠습니다. 이제 왕께서 여기에서 음악을 연주하시자 왕의 종과 북소리와 퉁소와 피리 부는 소리를 듣고서는 모두 골치를 앓고 눈살을 찌푸리면서 '우리 임금은 음악을 무던히도 좋아하네. 도대체 어째서 우리를 이 지경에까지 이르게 하시는 것일까? 부자가 서로 만나지 못하고 형제와 처자가 헤어져 흩어지니'라고 말하며, 또 이제 왕께서 여기서 사냥을 하시자 백성들이 왕의 차마 소리를 듣고 깃발의 아름다움을 보고는, 모두들 골치를 앓고 눈살을 찌푸리고서 '우리 임금은 사냥을 무던히도 좋아하네. 도대체 어째서 우리를 이 지경에까지 이르게 하는가? 부자가 서로 만나지 못하고 형제와 처자가 헤어져 흩어지니'라고 말한다면, 이는 다름이 아니라 곧 왕께서 백성들과 함께 즐기시지 않기 때문입니다.(此無他 不與民同樂也). 그러나 이제 왕께서 음악을 연주하시자, 백성들이 왕의 종과 북소리와 퉁소와 피리 부는 소리를 듣고서는 모두들 벙글벙글 기쁜 낯빛으로 서로 '우리 임금께서 안녕하신 모양이야, 저렇게 음악을 연주하시니'라고 말하며, 또 이제 왕께서 사냥을 하시자 백성들이 왕의 차마 소리를 듣고 깃발의 아름다움을 보고서는 모두들 벙글 벙글 기쁜 낯빛으로 서로 '우리 임금께서 안녕하신 모양이야 저렇게 사냥을 하시니'라고 말한다면, 이는 다름이 아니라 곧 왕께서 백성들과 함께 즐기시기 때문인 것입니다.(此無他 與民同樂也). 만일 왕께서 백성들과 함께 즐기신다면 왕 노릇을 하실 것입니다."[맹자, '梁惠王章句' 下]

그러나 군왕이 여민동락하지 못하고 독재, 독단, 독선, 독주를 자행한다면, 그것은 군왕으로서 천명을 어기는, 인의에 어긋나는 행위를 하는 것이므로 혁명의 대상이 될 수밖에 없다.(易姓革命論) 여기서 맹자의 인의를 중시하는 정신이 공자의 명분론에 힘입어 혁명의 '대의명분(大義名分)'이 탄생하는 것이다.

이 역성혁명론은 왕도적 민본정치를 강조함으로써 왕조(王朝)의 지속성(持續性)을 도모하려는 의미도 있으나, 또 한편으로는 군왕의 전횡(專橫)을 막기 위해 군왕의 도덕성(道德性)을 강제(强制)하려는 논리이기도 하다. 예컨대 제나라 선왕이 맹자에게, '탕(湯)이 걸(桀)을 추방하고 무왕(武王)이 주(紂)를 정벌한 것'을 예로 들며, "신하가 임금을 시해(弑害) 해도 되느냐?"고 물었을 때, 맹자는 다음과 같이 대답한다.

"어진 자를 해치는 것을 적(賊)이라 하고, 의로운 자를 해치는 것을 잔(殘)이라 하니, 잔적(殘賊)한 사람을 일컬어 일부(一夫)라 합니다. 일부를 주살(誅殺)했다는 이야기는 들었어도 임금을 시해했다는 말은 듣지 못했습니다."(맹자, 양혜왕 하)

이것은 어진 자를 해치고 의로운 자를 해치는 자는 그가 비록 임금이라도 일부(一夫)에 불과하다는 맹자의 주장이다. 이것은 전횡을 일삼아 도덕성을 상실한 임금은 이미 임금이 아니라면서 도덕정치를 강제하는 논리로서 군신공치(君臣共治) 내지 군신협치(君臣協治)를 강력히 시사한다. 결국 왕도적 민본정치는 도덕성을 갖춘 군왕과 신료가 공치를 통해 덕화교민과 양민의 비전을 실현시키는 정치인 것이다.

그런데 한당유학(漢唐儒學) 시대에 접어들어 유학이 군왕 중심의 지배체제를 공고히 하는 학문으로 변질되면서 민본정치 이념은 퇴색한다. 예컨대 한(漢) 무제(武帝) 당시 동중서(董仲舒)의 등장으로 유학은 군주중심의 통일국가를 정당화하는 대일통(大一統)사상 및 천인감응론(天人感應論)으로 전개된다(公羊學). 이것은 군왕을 견제하는 측면도 없지는 않지만 한무제의 전제적 통치를 정당화하는 논리였다. 이와 함께 유학은 삼강오상(三綱五常, 三綱五倫)의 도덕적 규범을 정립하여 지배와 종속의 관계를 고착화시키는 역할을 수행한다.

이렇게 정치와 사회를 규정해 가던 유학은 이후 훈고학(訓詁學) 내지는 사장학(詞章學)적 학풍으로 변질되면서 그 본래의 의미가 점점 더 퇴색하고 실제의 정치과정을 이끌어가는 역할을 수행하지 못하고 있었는데, 송조(宋朝)에 이르러 주자(朱子)가 유학의 본령이라 할 수 있는 경세론적(經世論的) 가치(價値)를 재발견해 낸다. 주자는 자신이 살던 시대적 사회적 상황을 직시한다. 그는 도탄(塗炭)에 빠진 백성들과 이민족의 침입 위협에 놓인 나라를 구하기 위해서는 정치주체(政治主體)들의 도덕성(道德性) 회복(回復)이 급선무(急先務)라 생각하고 맹자의 왕도정치론을 주목한다. 이와 함께 그는 종래의 유학에 이기심성론(理氣心性論)이라는 철학적 토대를 마련함으로써 그 유학을 성리학(性理學)으로 정리하면서 '천명론' 내지 '민심천심론'을 '공론론(公論論)'으로 재창조한다.

성리학의 기초인 이기론은 우주만물의 원리이자 사람의 심성을 규정하는 요소이다. 사람의 마음(心)은 성(性)과 정(情)으로 이루어지는데, 성은 다시 본연지성(本然之性)과 기질지성(氣質之性)으로 나뉘고, 전자는 이(理)의 지배를, 후자는 기(氣)의 지배를 받는다. 이로부터 청명혼탁(淸明混濁)의 기질을 바꾸어 본연지성을 회복하는 것이 바로 성리학의 목표다. 이렇게 성리학이 인간의 바른 심성(道德性)을 지향하는 것은 종래의 훈고학이나 사장학에 비해 경세론적 실천을 보다 더 강조하기 위함이었다.

이로써 성리학은 실천을 강조하는 도학적 성격을 지니게 되었고, 도학에 바탕을 둔 도학정치(道學政治)는 여전히 왕도적 민본정치임에는 변함이 없지만, 성선설에 기초한 왕도정치에 비해 군주나 지배층의 '공공선을 추구하는 바른 마음가짐'을 거의 절대시하는 도덕정치를 지향한다. 이로부터 도학정치가 바른 마음을 가진 군주에 대한 의리(義理)와 대의명분(大義名分)을 강조하는 것은 너무나 당연한 이치가 된다.

주자는 임금에게 '임오응조봉사(壬午應詔封事)'를 올려, 왕이 올바른 학문에 바탕을 두고, 군자의 등용으로 조정을 바르게 하며, 수령이 적임자를 얻어 바르게 할 수 있어야 한다고 주장했다. 이는 왕안석(王安石)의 신법(新法)이 실패한데 대해 경장(更張)의 필요성을 역설하는 가운데 나온 것으로, 왕을 비롯한 통치자의 바른 마음을 강조하였다는 데서, 백성에 대한 통제를 통해 개혁을 추구했던 왕안석의 신법과 구별된다. 주자는 또 '무신봉사(戊申封事)'를 올려 경장의 시급함을 강조한다. 여기서는 태자 보익, 대신 선임, 강유(綱維, 君臣,父子,夫婦 간의 三綱, 禮義廉恥의 四維)를 떨쳐 일으킬 것, 풍속변화, 백성의 힘을 아끼고 기를 것, 군정개혁 등의 개혁을 주장한다. 특히 그는 군주의 마음가짐이 최우선이라고 강조하며 군주의 도덕적 수양에 바탕을 두고 재상을 적임자로 뽑아 정사를 맡기며 양민에 힘써야 한다고 주장한다.[11] 주자는 군주의 마음(심술)과 관련하여 다음과 같이 말한다.

"재상은 중직(衆職)을 통솔하고, 천자와 더불어 가부를 상의하여 정령(政令)을 내리는 것이다. 이것이 천하의 기강이다. 그런데 기강은 저절로 세워질 수 없는 것이다. 반드시 군주의 심술(心術)이 공평정대(公平正大)하여 편당의 사사로움이 없어야만 기강이 그에 의거하여 세워진다. 또한 군주의 심술도 저절로 공정해질 수 없는 것이다. 반드시 현신(賢臣)을 가까이 하고 소인을 멀리하여 의리의 귀결을 강명하고 사사(私邪)의 통로를 막은 다음에야 공정해질 수 있는 것이다. 옛 성왕이 사부(師傅), 빈우(賓友), 간쟁(諫諍) 등의 관직을 설치하였던 까닭은 앞뒤에서 권려(勸勵)하고 좌우에서 부지(扶持)하도록 한 것이었으니, 이는 군주의 심술이 잠깐 사이 혹 공정을 잃을까 두려웠기 때문이다."(주자대전, 권11, 貢19, 庚子應召封事, 이상익, 앞의 책, 318에서 재인용)

주자에 의하면, 군주는 재상(宰相)에게 내각의 통솔을 맡기고, 재상과 상의하여 정령을 내리는 역할을 해야 하며, 그래야만 천하(天

---

11) 조선유학의 개념들, 한국사상사연구회, (예문서원,2002) 163-165쪽 참조

下)의 기강(紀綱)이 세워진다. 그리고 이를 위해서는 군주의 공명정대(公明正大)한 마음이 절대 중요하므로 항상 현신(賢臣)을 가까이 하고 소인(小人)을 멀리해야 하며, 나아가 간쟁(諫諍)을 위한 언관(言官)을 두어야 한다는 것이다. 언관은 군주의 사부로서 간쟁을 통해 군주의 마음(심술)을 바로 잡는(정군심, 正君心) 존재인 것이다.

이처럼 왕도정치의 맥을 잇는 도학정치가 군주의 심술을 문제 삼고, 그 심술을 바로잡기 위한 간관이나 언관제도를 설치한 것은 군주의 성인군자로서의 도덕성을 기대하지만, 군주가 주로 세습군주(世襲君主)인 까닭에 그러한 도덕성을 기대하기 어려우므로, 느슨하게나마 그 도덕성 및 도덕정치를 강제할 수 있는 수단이 필요해서이다. 그리고 이러한 도덕적 장치는 공론정치(公論政治) 및 군신공치(君臣共治)를 더욱 강화하려 함이었다.

"무릇 명령의 출납과 인재의 진퇴는 한결같이 두 세 명의 대신(大臣)에게 맡기되, 그들로 하여금 반복하여 헤아리고 사견(私見)을 따르지 말고 공론(公論)을 참작하여 상주(上奏)한 다음에 실행하도록 하십시오…… 만일 다시 의심스러운 점이 있으면 대신과 간관(諫官)을 불러들여 면전에서 서로 논란하며 논의하게 하고, 그 가운데 선책(善策)을 택하여 폐하(陛下)를 대신하여 결정하도록 하십시오. 이렇게 하면 근신(近臣)도 간여할 수 없고 권세를 쥔 대신도 사사롭게 전횡할 수 없으며 폐하께서도 또한 천하일에 밝아져서 득실(得失)을 따지는데 의심스러운 점이 없을 것입니다……."(주자대전, 권14, 頁 28-29. 이상익, 앞의 책, 319쪽에서 재인용)

주자에 의하면, 공론정치란 사견을 따르지 않고 공론을 참작(參酌)하여 상주한 다음에 실행하는 정치요, 근신도 간여할 수 없고 권세를 쥔 대신도 사사롭게 전횡(專橫)할 수 없는 정치다. 또 군신공치란 군주가 대신과 간관을 불러들여 자신의 면전에서 서로 논란하며 논의하게 하는 가운데 자신을 대신하여 선책을 택하여 결정토록 하는 정치다.

공론에 대해 좀 더 부연하면, 주자는 '천리에 따르고(順天理) 인심에 부합하여(合人心, 民心) 천하의 사람들이 모두 함께 옳게 여기는 것(天下之所同是者)'을 국시(國是)라 정의하고, 그것을 '천하의 모든 사람들이 한결같이 하는 말(萬口一辭)'인 공론과 동일한 것으로 정의하였다.[12]

주자에 의하면, 사람의 마음에는 천리도 담겨 있고 사사로운 욕망도 담겨 있다. 따라서 사람의 마음은 그것이 천리를 발휘 할 때는(도심, 道心), 천리가 보편적이고 선한 것이기 때문에, 공정(公正)할 수 있는 것이다. 그러나 마음이 욕망에 지배될 때에는(人心, 위 合人心의 人心인 民心과는 다름), 욕망은 대부분 사사로운 이익을 추구하는 것이기 때문에, 공정성을 확보할 수 없는 것이다. 선진유학에서 민심을 별개의 권위체(權威體)로 인식했던 것은 전자(道心)의 경우요, 그 민심을 회의(懷疑)했던 것은 후자(人心)의 경우다. 이렇게 볼 때, '順天理, 合人心, 天下之所同是者'라는 주자학의 공론 개념은 '백성의 마음(民心)' 가운데서 '보편적이고 선한 천리(천명, 성)'을 척출함으로써 성립하는 것이다.[13]

---

12) 이상익, 앞의 책, 365쪽
13) 위의 책, 368쪽 참조

여기서 천리를 척출하는 방법은, 개인적 차원에서는 격물치지(格物致知)를 통해 천리를 알아내고 유정유일(惟精惟一)을 통해 천리를 따르는 것이며, 사회적 차원에서는 공개적인 논(論)을 통해 공(公, 천리)을 찾아내는 것이다. 그리고 여기서 특히 공개적 논의를 요하는 것은, 첫째는 개인의 인식능력은 유한한 것이므로 여러 사람의 논의를 통해 천리를 보다 완전하게 인식할 수 있다는 점이요, 둘째는 개인의 의견에는 사적(私的)인 동기가 개입될 수 있으므로 여러 사람의 논의를 통해 그것을 검증함으로써 공정성을 확보할 수 있다는 점이다. 이렇게 볼 때, 많은 사람들이 자유롭게 참여하는 '공개적인 논의(절차로서의 공론, public forum)'는 '공정한 의론(결과로서의 공론, public opinion)'을 형성하는데 크게 기여할 것이다.[14]

이와 같이 도학정치는 공공선을 위한 공론정치를 지향하며, 그 공론정치를 보장하기 위해 정군심(正君心)을 주장하고, 그 정군심을 강제하기 위해 대신(大臣) 및 간관제도(諫官制度)를 두는 등 군신공치를 제도화 하였다. 이것은 '존현사능'과 '언로개방'을 양대 축으로 하여 통합을 추구하던 왕도정치를 강화하는 내용으로서 이제 왕도정치는 공론을 통한 통합의 정치 곧 공론정치를 의미하게 된다. 다만 여기서 정군심이 더욱 강조된 것은 정책결정의 최종 책임자인 군심(君心)이 바르지 않으면 천리(天理)와 민심(民心)의 부합(符合)을 기할 수가 없어 공론정치는 공염불이 되고 결국 민본정치가 불가능하다고 보기 때문이다. 훗날 이 도학이 조선조에 유입되어 조광조가 "숭

---

14) 위의 책, 391쪽

도학(崇道學), 정인심(正人心), 법성현(法聖賢), 흥지치(興至治)"의 기치를 내 세우고 도학정치론을 주장한 사실이나, 그 도학정치가 조선조에서 본격적으로 가동할 때 대부분의 학자들이 정군심(正君心)을 강조했던 사실은 우연이 아닌 것이다.

그러나 역사상 정군심에 기초한, 이러한 왕도적 민본정치 이념이 실제의 정치과정에서 실현된 적은 거의 없었다. 대개의 경우 비록 왕도정치를 천명한다 해도 실제의 모습은 대체로 패도정치(覇道政治)에 머무르거나 그보다 못한 정치행태를 보이는 경우가 대부분이었다.[15]

참고로 패도정치란 힘으로 인(仁)을 가장하는 정치, '법(法),세(勢),술(術)'로 나라와 백성을 통치하는 정치이다. 역시 전국시대에 맹자가 죽을 무렵 태어난 한비자(韓非子)는 인간을 도덕적 존재로 보지 않는다. 그는 상앙(商鞅)의 법(法)을 바탕으로 신불해(申不害)의 술(術)과 신도(愼到)의 세(勢)를 잘 조화시키면 군주의 권력을 극대화할 수 있다고 주장한다. 여기서 법은 군주가 인민을 통제하는 객관적 공개적 규칙이며, 세는 군주가 신료와 백성을 굴복시키는 힘이다. 그리고 술은 신료를 다루는 은밀한 수단이다. 군주는 덕이 아니라 이러한 '법, 세, 술' 등을 적절히 조화시키며 백성을 다스릴 수 있어야 한다는 것이다.[16]

우선 법치(法治)와 관련해서는 성문법(成文法)을 제정, 관청의 문헌 보관소에 그 법률과 명령을 비치해 두고, 법령을 신중히 지킨 이에게 상(賞)이 주어지고 법령을 어긴 자에게 벌(罰)이 내려지도록 함으

---

15) 정영현, 리더와 리더십, 2007, 22-23쪽
16) 이하, '법,세,술' 이상수, 한비자, 권력의 기술 (2007) 4, 5, 7장 참조.

로써 백성들의 마음에 형벌(刑罰)이 새겨지도록 해야 한다. 형벌과 관련된 한비자의 주장은 다음과 같다.

"······대저 엄한 형벌과 무거운 처벌은 백성들이 싫어하는 것이지만 나라는 이 때문에 잘 다스려진다. 백성을 가련히 여기고 형벌과 처벌을 가볍게 하는 것은 백성들이 좋아하는 것이지만 나라는 이 때문에 위태로워진다..(이것이 나라를 다스리는 근본 원칙이다)······."(한비자, '간검사신')

이것은 백성을 사랑하라는 유학의 가르침과는 대조된다. 유학은 백성들의 자발적 복종을 기대하지만, 한비자는 그것을 믿지 않고 백성들을 엄벌(嚴罰)과 혹형(酷刑)으로 다스려 복종시켜야 한다고 강조한다.

다음 권세(權勢)와 관련해서는, 아무리 법령이 잘 정비되어 있다 해도 권세(權勢)가 없으면 그 법령이 집행되지 않는다. 군주는 권병(權柄)을 잡아 세(勢) 있는 자리를 차지해야 비로소 그의 명령이 행해지고 금하면 그친다. 권병이란 사람을 죽이고 살리는 근본이며 세란 대중들을 이겨내는 밑천이다. 권세란 남에게 빌려줄 수 없는 것이다. "나라란 군주의 수레이며 세란 것은 군주의 말이다." 수레가 있어도 말이 없으면 달릴 수 없듯이 나라가 있다 해도 세가 없으면 나라를 다스릴 수가 없다. 세를 군주 자신에게 집중해야 하는 것이다.

그리고 통치술(統治術)은 법과 세를 운용하는 용인술(用人術)이다. 신하가 충성하지 않을 수 없도록 통제하는 수법인 것이다. 마치 까

마귀의 날개 아래와 꽁지 아래에 난 긴 깃털을 잘라내면 멀리 날 수 없어서 사람에게 길들여지고 의지하지 않을 수 없듯이, 신하들도 역시 봉록(俸祿)과 벼슬로서 길들이면 복종시킬 수 있다고 주장한다. 이와 함께 한비자는 슬기롭고 지혜로운 신하를 다룰 줄 알아야 현명한 군주가 될 수 있다고 주장한다.

"군주는 슬기롭지 않으면서도 슬기로운 자를 거느리고, 지혜롭지 못하면서도 지혜로운 자의 우두머리가 된다. 신하는 수고를 되풀이하고 군주가 그 성과를 누리는 것을 일컬어 현명한 군주의 상도라 한다."(한비자, 주도)

군주는 신하를 충성하지 않을 수 없도록 통제하되, 재능 있는 자를 모으고 그들의 재능을 최대한 활용할 줄 알아야 한다고 가르친다. 이것이 권력남용(權力濫用)이나 권모술수(權謀術數)가 아닌 리더십으로 기능한다면, 규모가 큰 조직일수록 머리가 좋은 지도자보다는 다른 사람의 지혜를 충분히 짜내고 활용할 줄 하는 지도자를 더 필요로 한다.

이와 같이 패도의 요체는 '법, 세, 술'이다. 이 세 가지는 상호 보완관계에 있으며 이는 모두 군주를 위한 것이다. 군주는 법(法)을 초월하며 세(勢)를 지닌 유일한 존재요 술(術)로 관리를 통제하는 존재이다. 군주를 위한 이러한 패도(覇道)가 리더십이 되려면 리더가 크게 변해야 된다. 리더가 이러한 술수를 자신을 위해서가 아니라 공동체를 위해 선용(善用)한다면, 패도 역시 크게 보아 리더십의 범주에 넣을 수 있는 것이다.

그렇지만 맹자의 '존왕천패(尊王賤覇)'의 주장에서 보듯이 패도는 원칙적으로 유교정치에서 배제(排除)되어야 한다고 본다. 그런데 실제 역사상 예와 덕으로 이끌어가는 왕도정치의 실현은 그야말로 이상에 머물고, 대개는 법치의 수단을 병행하는 경우가 많았고, 아니면 패도정치(覇道政治)나 그보다 못한 정치적 행태를 보이는 경우도 많았다. 그리하여 유교정치를 이해함에 있어 왕도정치(王道政治)는 명분일 뿐이요 실제로는 지배-피지배 관계가 거의 고착화된, 억압하고 착취하는 봉건적(封建的) 전제정치(專制政治)로 인식하는 것이 당연시 되어왔다.

그러나 유학에서 이상적인 군주는 어디까지나 '내성외왕(內聖外王)'이라는 점을 망각해서는 안 된다. 내성외왕이란 안으로는 성인이고, 밖으로는 임금의 덕을 갖춘 사람, 즉 바른 마음을 가진 최고의 인격적인 군왕, 곧 성왕(성군)이다. 성왕은 바로 수기치인(修己治人)의 최고봉으로서 왕도적 민본정치의 핵심 요소다. 이러한 정치사상은 일찍이 유학을 통해 한반도의 여러 왕조들에게 영향을 주었지만, 특히 고려 말 주자학(朱子學)을 통해 도학으로서 고려의 학자들에게 전해짐으로써 이후의 한반도 역사에 큰 파장을 일으킨다. 고려는 그 중엽에 이르러 무신(武臣) 집권기간을 거치고 몽고의 침입을 받아 몽고의 부마국(駙馬國)이 되면서 많은 모순을 드러내고 있었다. 그래서 뜻있는 학자들이 주자학을 통해 고려조의 여러 폐해를 고쳐보려고 공부를 열심히 했던 것이다.

2) 조선의 건국과 그 성격

주자학이 전래될 당시의 고려는 국가기강이 말이 아니었다. 무신란 이후 무신출신 및 부원배(附元輩) 출신의 권문세가(權門勢家)들과 불교사원들이 토지를 독차지하여 자영농민들이 격감하고 있었다. 권문세가는 많은 노비(奴婢)와 사병(私兵)이 필요했고, 불교 사원은 많은 젊은이들의 도피처가 되어 세금도 내지 않고 병역도 기피하는 온상이 되었다. 그래서 주자학을 공부한 학자들은 주자학을 근거로 불교(佛敎)와 권문세족(權門勢族)의 폐해를 비판하기에 이른다.

그런데 당시 국제정세는 중원에서 원(元)·명(明)의 교체가 진행되고 있었고, 그 틈을 타 고려에서는 요동정벌(遼東征伐)에 나서게 된다. 그러나 정벌군을 이끌던 이성계 일파는 오히려 위화도(威化島)에서 회군(回軍)하여 요동정벌을 주장했던 우왕을 폐하고 최영을 숙청한다. 이성계는 루비콘 강을 건너고 만 것이다.

그 후 고려조정의 개혁(改革)은 급물살을 타게 된다. 개혁과 관련하여 이색 정몽주 등은 고려조를 존속시키는 선에서 완만하고 온건한 개혁을 주장했으나, 이성계 정도전 등은 우왕, 창왕 등을 연달아 폐위시키고 새로 공양왕을 즉위시킨 후 전제개혁(田制改革)을 발표한다. 이들은 새 왕조 개창을 목표로 급진적인 개혁을 추진한 것이다.

이렇게 완. 급으로 나뉘어 대립하던 고려조정은 온건파(의리파)의 리더였던 정몽주가 급진파(혁명파)의 리더였던 이방원(이성계의 다섯째 아들)에게 개경의 선죽교에서 살해당함으로써 막을 내리고, 신왕조 조선이 창건된다.

그러나 혁명파(革命派)에 의해 이루어진 신왕조의 개창은 의리논쟁에서 자유롭지 못했고, 당연히 조선조는 처음부터 의리논쟁에 휘말리게 된다. 그래서 혁명파는 그러한 말썽의 소지를 잠재우고 신왕조의 개창을 정당화하기 위해 새 왕조의 비전을 제시하며 대대적인 개혁조치를 단행한다.[17]

예컨대 이성계 정도전 등 새 왕조 개창의 주도세력은, 폐해가 극심했던 불교를 억압하고 주자학의 유교를 장려하여(숭유억불, 崇儒抑佛) 정치사회를 통합하려 했고(백성통합), 전래의 주요산업인 농사에 종사하는 자영농을 육성하여 민생을 해결하고(농본민생, 農本民生) 국가의 재정을 충실히 함으로써 경제문화적 번영을 꾀하였으며(국리민복), 그리고 중화적 세계 질서에서 패권국의 지위에 있던 명을 섬기는 자세를 취함으로써(사대교린, 事大交隣) 군사외교적 안보를 충실히 하기로 했다(대외안보).

그리하여 유학자 정도전이 태조 이성계의 신임을 등에 업고 '조선경국전(朝鮮徑國典)' '경제육전(經濟六典)' 등을 편찬하면서 열정적으로 개혁을 추진한다. 정도전의 개혁은 군왕을 체제의 정점으로 내세우면서도 사실상의 정무를 재상(宰相)이 총괄하는 군신공치(君臣共治)를 지향하였다. 그가 추진하는 개혁에 있어 사병혁파(私兵革罷)는 필수적이었다(정도전의 요동정벌론의 사실상의 이유일 것). 그는 또 이방원의 배다른 막내 동생인 방석을 세자로 책봉하는 이성계의 뜻

---

17) 정영현, 앞의 책, 24-27쪽 참조.

을 따른다. 김구진 교수에 의하면 이성계가 막내아들을 세자로 삼은 것은 북방민족의 풍습(몽고족, 여진족 등의 말자상속 풍습)을 따른 것이라 한다.

일이 이렇게 전개되자 새 왕조 개창과정에서 혁혁한 공을 세운 이방원은 도저히 인내할 수가 없었다. 세자 자리도 빼앗긴 상황에서 사병(私兵)마저 혁파(革罷)당해야 했던 것이다. 그리하여 방원은 "정도전 등이 태조의 병세가 위독하다고 속여 여러 왕자를 궁중에 불러들여 죽이려 했다."고 역공(逆攻)을 편다. 그는 이숙번의 사병을 동원하여 쿠데타를 감행, 정도전 일파(남은, 심효생 등)를 숙청하고 세자인 방석과 방석의 형 방번을 모두 살해하고 권력을 장악한다(제1차 왕자의 난). 그는 둘째 형 방과를 세자(世子)로 천거했지만, 사실상의 실력자가 된 것이다. 그 후 이방원에게 환멸을 느낀 이성계는 왕위를 세자에게 물려주고(정종), 상왕(上王)이 된다.

정종은 분위기를 일신하고자 수도를 다시 개경으로 옮겼는데, 그곳에서 다시 왕자의 난이 발생한다. 평소 이방원의 독주에 대해 곱지 않은 시선을 가지고 있던 그의 바로 위의 형인 방간이, 제1차 왕자의 난 때의 논공행상(論功行賞)에 불만을 품은 박포와 뜻이 맞아 다시 정변을 일으킨 것이다(제2차 왕자의 난). 시가전을 벌인 후 방간의 군대를 물리친 방원은 정종에 의해 세제(世弟)로 책봉되었다가, 몇 달 후 국왕에 취임한다. 그가 바로 태종이다. 이를 비통하게 여긴 이성계는 태상왕(太上王)이 되었으나 함흥으로 떠나버린다(함흥차사의 시발).

두 차례의 왕자의 난을 주도한 후 왕위에 오른 방원은 다시 수도를 한양으로 옮기고 체제 개편을 단행한다. 그는 대체로 정도전의 구상을 실천에 옮긴다. 사병(私兵)을 혁파하고 중앙집권체제를 강화한 것이다. 다만 정도전의 구상이 재상의 역할을 중시하는 군신공치(君臣共治)체제였다면, 방원의 구상은 군왕중심(君王中心)체제였던 점이 달랐다.

태종은 승정원을 강화하여 6조 판서를 견제토록 하는 한편, 사간원을 개편하여 군왕의 이목(耳目)으로 기능하도록 조처하였다. 이처럼 실질적 힘을 가진 군왕을 정점으로 하는 중앙집권체제를 정비하는 한편, 태종은 무과의 법을 새로 정하고 백관의 녹과(祿科)를 정했으며, 양전사업(量田事業)을 계속 실시토록 하여 농민들의 생산성 제고와 국고를 충실히 하려 했다. 또 노비를 사사로이 주고받는 것을 금하고 사사(寺社)의 노비사용을 제한했으며(노비정리), 이어 선, 교(禪,敎) 양종의 사사를 정하고 토전과 노비의 수를 다시 줄이는 등(불교사원 정리) 유교적 지배체제의 토대를 공고히 했다. 그리고 호패법(號牌法)과 5가작통법을 실시하여 토지를 기반으로 한 백성들의 정착을 유도하는 한편, 병역과 부역의 부과 등 행정의 편성을 제고시켰다. 그 밖에 신문고를 설치하여 백성을 위무하고, 주자소를 설치, 계미자를 만들어 '동국사략(東國史略)' 등 서적을 편찬토록 했다. 그는 이렇게 체제정비와 교화에 박차를 가함으로써 군왕으로서의 정통성을 확립하고 탄력성이 강한 왕권을 확보하려 했다.

태종의 집권체제는 의정부서사제(議政府署査制)를 폐지하고 육조직계제(六曹直啓制)를 실시한 데서 그 특성이 드러난다. 전자(前者)는 육조에서 각기 맡은 업무를 의정부에 보고하고, 의정부에서는 3정승이 모여 육조에서 올라온 보고 내용의 가부를 헤아려 왕에게 보고토록 한 다음, 왕이 의정부에서 올린 내용을 보고 결정하여 교지(敎旨)를 내리면 의정부에서 받아 육조에 돌려보내 시행토록 한 제도인 반면, 후자(後者)는 중요한 국사에 대해 군왕이 의정부를 거치지 않고 직접 육조 판서들로부터 보고를 받고 정책을 결정하는 시스템으로, 요즈음의 팀장제와 비슷한 조직관리라 할 수 있다. 태종이 육조직계제를 실시함으로써 당연히 의정부의 기능은 축소되어 일상적인 법무 집행 외의 중요한 정책결정은 군왕이 직접 관장하게 된다.

이렇게 새 왕조의 기틀을 잡고 왕권을 강화했지만, 태종은 왕도적 민본정치를 실현할 수는 없었다. 태종은 새 왕조 개창 과정에서, 그리고 두 차례의 왕자의 난을 겪는 과정에서 너무 많은 피를 흘렸던 것이다. 뿐만 아니라 군왕으로 등극한 후에도 양위(讓位)소동을 벌여 측근을 숙청하는가 하면, 외척(外戚)의 발호를 염려한 나머지 자신의 처가는 물론 세종의 처가 인물들까지 처단하는 극약처방을 내리는 등 왕권보호에 지나친 집착을 보였다. 이러한 통치행태는 쿠데타로 집권한 군왕의 태생적 한계로서 왕도정치와는 거리가 먼 이력들이었다. 그리하여 조선조 개창의 명분인 왕도적 민본정치의 실현은 세종의 등극을 기다려야 했다.[18]

다행히 강력한 왕권을 수립한 태종의 생전에 왕위가 세종에게 양위되는 천우신조의 기회가 다가왔다. 태종이 세종에게 양위하게 된 가장 큰 이유는 신병 때문이었다고 전해지지만, 사실은 세종의 자질

---

18) 위의 곳.

을 간파하고 그를 성군(聖君)으로 만들려는 속셈도 있었던 것 같다.

어쨌든 태종은 현명했다. 그는 왕권 강화에 그렇게 집착하면서도 끝내 노욕을 부리지 않고 후계자에게 양위하여, 후계자로 하여금 지도자로서의 훈련을 철저히 받도록 함으로써 왕정치하에서 보기 드문, 자칫 정치적 구호에 그치고 말 수 있었던, 민본정치(民本政治)를 실현한 주인공이 되는 기적을 연출하게 되었기 때문이다.

02 세종의 권위

1) 세종의 권력과 권위

막스 베버는 역사의 진보를 합리성(合理性)의 증대로 보고, 그 과정에서 발생하는 계급이나 계층의 분화는 경제적 소유관념이 아닌 권력이나 기회 불균등에 따른 결과로 설명한다. 이와 관련, 베버는 리더의 권위(權威)를 전통적 권위, 카리스마적 권위, 법적. 합리적 권위 등으로 구분한다. 이것은 권위의 토대를 정치권력에 두고 분류하는 방식이다. 즉 리더의 정치권력의 근거가 전통에 따른 것인지, 혹은 리더의 카리스마에 의한 것인지 아니면 법에 규정되어 있는 것인지에 따라 갈리는 것이다.

왕조시대의 세습군주(世襲君主)는 일반적으로 전통적 권위를 갖는다. 세종 역시 왕자로 태어나 세자로 책봉되고 이어 임금에 오르는 과정을 겪으며 왕권을 기반으로 하는 전통적 권위를 갖게 된다. 그런데 세종은 왕자이기는 하지만 적장자(嫡長子)가 아니어서 세자에 책봉되고 군왕의 지위에 오르기까지 약간의 굴곡을 거쳐야 했다.

앞에서 언급한 바와 같이 조선조의 개창은 단순한 역성혁명(易姓革命)으로 폄하(貶下)할 수 없는 역사적 의의를 지닌다. 그러나 새 왕조 개창을 위한 혁명 참여파(參與派)와 그것을 거부한 비참여파(非參與派)간에 의리(義理)를 둘러싼 명분싸움이 거세지면서 '두문동 72현'의 예에서 보듯이, 당시의 많은 지식인들이 새 왕조에 참여하는 것을 의리에 반하는 것으로 인식하는 풍조가 생긴다. 게다가 신왕조 개국 직후 두 차례의 '왕자의 난'이 발생하여 왕위조차 순조롭게 이어가지 못하게 되어 새 왕조와 군왕의 정통성이 매우 취약했다

태종은 조선조 개창 시에도 주도적 역할을 했지만, 개국 후 벌어진 두 차례 '왕자의 난'에서도 주인공이었다. 태종은 나라의 기틀을 잡고 왕권을 안정시키는 일이 급선무라 여겼다. 그래서 그는 국정개혁을 정력적으로 추진하는 한편 장자(長者) 이제(양녕대군)를 세자로 책봉한다. 그렇게 하여 체제의 안정을 기하고, 나아가 왕조의 정통성과 왕실의 권위를 과시할 필요가 있었던 것이다.

이러한 태종의 의도는 관철되는 듯 했으나 이변(異變)이 일어난다. 세자가 교체된 것이다. 역사상 대개 적장자(嫡長子)가 살아있음에도 다른 왕자가 세자가 되거나 왕위에 오르는 일은 비상시국이나 비상수단에 의한 경우가 아니면 찾아보기가 쉽지 않다. 그럼에도 세종은 이미 세자에 책봉된 양녕대군이 낙마하고, 그 대신 세자가 되고 왕위를 잇는 특이한 이력을 밟게 되는 것이다.[19]

---

19) 이하, 세자 책봉 과정, 위의 책, 28-31쪽 참조

세종은 자기 위로 형님이 둘씩이나 있어서 왕위에 오르기는 매우 힘든 상황이었다. 실제로 세종은 태종으로부터 공부보다는 다른 취미를 갖도록 권유받기도 했다. 그렇지만 세종은 멀리는 고금(古今)의 역사서를 통해 장자가 아닌 왕자가 왕위에 오른 예를 얼마든지 찾아볼 수 있었고, 가까이는 자기 아버지 태종이 다섯째 아들로서 왕위를 이은 것을 보고 기대를 완전히 접지는 않았을 것이다. 그래서인지 세종은 혼자 열심히 내공을 쌓았다. 세종은, 타고난 천품(天禀)도 있었겠지만, 어려서부터 정말 열심히 공부하고 덕과 능력을 쌓아 나갔다.

그러한 세종에게 기회가 온 것은 태종 18년(1418) 무술 6월, 임오(17일) 날이었다. 그 날 문무백관들이 세자 이제(양녕대군)가 잘못이 많다 하여 폐 세자를 주청한 것이다.

양녕은 세자로서의 도덕성에 문제가 있었다. 그는 태종의 피비린내 나는 집권 및 왕권 강화 과정을 지켜보면서 그것을 소화해 내지 못했던 것 같다. 게다가 학문과 덕으로 이미 소문이 나기 시작한 충녕대군에게 쏠리는 조야(朝野)의 관심도 부담스러웠을 것이다. 양녕은 호방한 성격이라고 알려져 있지만, 의외로 마음이 여렸던 것이다. 결국 그는 기행과 비행을 저질러 도덕적 결함을 드러냄으로써 폐세자(廢世子)라는 문책을 당하게 된다. 황희 같은 사람은 그를 변호하면서 적장자 세습의 원칙을 지키려 했다지만, 폐세자 문제와 관련해서는 태종도 어느 정도 공감하고 있었던 것 같다. 신하들이 감히 폐세자를 건의한 사실을 보아도 그렇고, 마치 기다리고 있었던 것처럼 일이 일사천리로 일이 진행될 수 있었던 것을 보아도 그러하다.

어쨌든 문무백관(文武百官)들이 이제가 잘못이 많다하여 폐세자를 청하자 태종은 처음 양녕(제)의 맏아들로 계승하려 했다. 그러나 신하들이 태종의 어린 손자의 앞날이 걱정되고 아버지(제)를 폐하고 그의 아들을 세우는 것이 의리에 합당치 않다 하면서 태종의 아들 중 어진 이를 골라 세우기를 청하였다. 이에 태종은 신하들보고 어진 이를 가리어 보라 했지만, 신하들은 감히 새 세자를 지명하지 못하고 '가리는 것은 성심에 달렸다.' 는 등 우물쭈물하면서 태종에게 미루었다. 그때 태종은 셋째 아들 이도(충녕대군)를 지목한다.

"충녕대군이 천성이 총민하고 학문을 게을리 하지 않아, 비록 몹시 춥고 더운 날씨라도 밤을 새워 글을 읽고, 또 정치에 대한 대체를 알아, 매양 국가에 큰 일이 생겼을 제는 의견을 내되, 모두 범상한 소견이 의외로 뛰어나며, 또 그 아들 중에 장차 크게 될 수 있는 자격을 지닌 자가 있으니, 내 이제 충녕으로써 세자를 삼고자 하노라.(세종1, 총서001)"

그때야 비로소 여러 신하들도, "신들의 이른바 어진 이를 골라야 한다는 말씀도 역시 충녕대군을 가리킨 것이옵니다."라며 화답한다. 거의 만장일치로 세자가 교체되었음은 물론이다. 이어서 그들은 충녕에 대해 "영명 공검하고 효우 온인하며 학문을 즐겨하여 게을리 하지 않사오니 진실로 세자의 망에 합당합니다."라고 진언하고 있다.

임금은 충녕의 호학, 지적 능력, 정치적 식견, 그리고 똑똑한 왕자들(후계자)을 두고 있는 점을 높이 사고 있고, 신료들은 충녕의 덕스러움에 높은 점수를 주고 있다. 그러면서도 충녕이 영민하고 학문을 즐기며 근면하다는 점에 있어서는 양자가 모두 일치한다.

혈통으로 왕권이 이어지던 조선왕조시대에, 정통성은 임금의 자질로서 상당히 중요했다. 당시 군왕은 군왕이 됨으로써 일단 전통적 권위를 갖게 되지만, 정비(正妃) 소생의 적장자(嫡長子) 여부, 세자로서의 왕정훈련기(王政訓練期)를 겪었느냐의 여부가 신료들을 장악하는데 있어 상당히 중요한 요소였다. 이러한 전통적 권위가 부족하다고 생각하는 군왕은 나름대로 그의 정통성과 권위를 확보를 위해 열심히 노력하는 모습을 보여주어야 했다.

예컨대 태종처럼 쿠데타를 통해 집권한 임금은 당대의 명망가를 공신으로 책봉하거나 여러 가지 업적을 통해 권위를 인정받으려 했다. 이러한 예는 그 후 세조에서도 이어졌고, 그 후에 반정(反正)으로 임금이 된 경우에도 임금은 당대의 명망가들을 거의 모두 공신(功臣) 혹은 대현(大賢)으로 대우하여 출사시킴으로써 자신의 세력기반을 넓혀 정통성과 권위를 확보하려했다.

이 외에도 적장자가 아닌 군왕은 경연(經筵)에 열심히 참여해서 학문을 닦고 덕을 쌓아 성군의 자질을 보여 주어야 했다. 예컨대 세종은 물론, 성종이나 중종, 인조나 영조 등이 그러한 경우이다. 그러나 이러한 노력과 더불어 가장 확실하게 정통성과 권위를 확보할 수 있는 방법은 역시 군왕으로서의 도덕성과 효율성(국정수행능력)을 통해 증명하는 것이었다.

2) 세종의 자질(資質)과 권위(權威)

리더의 지위는 권력의 기초요 또 그 권력은 권위의 기반이 된다. 세종은 세자에 책봉됨으로써 차기 대권자로서의 지위와 권력을 얻게 되고 전통적(傳統的) 권위(權威)를 확보하게 되었음은 앞에서 이미 지적한 바다.

그러나 권위라는 것은 꼭 리더의 지위와 역할에 근거한 권력에서만 나오는 것은 아니다. 그것은 오히려 리더의 도덕성(道德性)과 효율성(效率性)에 더 많이 의존한다. 왜냐하면 그러한 리더의 자질이 신뢰감(信賴感)을 불러 일으켜 권력에 기반을 둔 권위보다 더 위력적인 영향력을 발휘하기 때문이다. 정치리더의 도덕성은 대개 사사로움(私者, 三私 - 私利私慾, 邪惡, 奢侈)을 경계하고 공공선(公共善, 三公 - 公正, 公義, 公益)을 추구하는 품성을 말하며, 효율성은 리더의 역량(뛰어난 통찰력과 포용적 통합력, 그리고 열정적인 추진력)을 통해 확실한 성과(통합, 국리민복, 대외적 안정)를 얻는 능력을 말한다.

세종은 투철한 도덕성의 기반 위에 탁월한 효율성을 보여준 위대한 정치리더였다. 세종의 이러한 리더로서의 자질은 타고난 천품(天稟)도 있었겠지만, 그 외에도 '학문을 즐겨하여 게을리 하지 않은' 그의 노력에서 비롯된 것으로 보인다. 세종은 실로 왕자 시절은 물론 왕위에 오른 후에도 공부를 게을리하지 않았다.

당시 세자 후보는 강학청(講學廳)에서 공부하고, 세자가 된 후에는 서연(書筵)에서, 그리고 임금이 된 후에는 경연(經筵)에서 공부하였다. 강학청에서는 '천자문'과 '소학' 등을 통해 문자와 기본적인 유교적 소양을 익히고 서연에서부터는 본격적인 유학(4서 3경 등 제왕학)을 공부한다. 세종은 늦게 세자가 되고 세자가 된지 3개월도 안되어 즉위했으므로 세자로서의 교육은 충분하지 않았을 것이다. 그러나 세종에 대해 '학문을 즐겨하고 게을리 하지 않는다'는 신료들의 평가로 보아 그가 나름 내공을 많이 쌓아 세자로서의 충분한 소양을 이미 갖추고 있었음을 알 수 있다. 세종 이도의 나이 17세 때 어느 겨울날의 일화가 이를 증명해주고 있다.

"이 해 겨울에 세자와 여러 대군과 공주가 헌수하고 노래와 시를 아뢰었다. 충녕대군이 임금에게 시의 뜻을 물었는데, 심히 자세하니 임금이 가상하게 여겨 세자에게 말하였다. '장차 너를 도와서 큰일을 결단할 자이다.' 세자가 대답하였다. '참으로 현명합니다.' 임금이 일찍이 충녕대군에게 이르기를 '너는 할 일이 없으니 평안하게 즐기기나 할 뿐이다.' 하였으므로, 이때에 서화, 화석, 금슬(琴瑟) 등 모든 유희 애완의 격물을 두루 갖추지 않음이 없었다. 그러므로 충녕대군은 예기(藝技)에 정(精)하지 않는 바가 없었다. 세자가 충녕대군에게 금슬을 배웠기 때문에 화목하여 틈이 없으니, 임금이 심히 그 화목한 것을 가상하게 여겼다."(태종26/13/12/30)

이 대목에 따르면 시(詩)와 예기(藝妓) 등 충녕의 학문적 예술적 내공이 임금(태종)을 놀라게 한 듯하다. 세종은 '너는 할 일이 없으니 평안하게 즐기기나 할 뿐이다.'라는 태종의 권면대로 예술적 소양을 열심히 쌓은 것 같고, 그러면서도 경전(經典)이나 사서(史書) 등의 독서에도 소홀히 하지 않아 태종으로부터는 '장차 세자를 도와 큰일을 결단할 자이다.'라는 평을, 그리고 세자로부터는 '참으로 현명합니다.'라는 평을 들을 정도로 식견이 뛰어났던 것이다.

그런데 이숭녕 박사는 예기에 정통했다는 말은 지나친 표현이라고 말한다. 그에 의하면, 세종 이도는 "바둑 두기를 즐기지 않았고, 양녕과 달리 화초나 애완동물에도 그다지 취미가 없었으며", "서도(書道)에 대해서도 이해는 하고 있었으나 서도를 취미로 가진 것이라고는 보이지 않고", "최소한의 운동 차원에서 매사냥을 취미로 했지만 궁술이 뛰어났던 것도 아니고", 따라서 이런 제반 사항들을 종합할 때 세종은 기본적으로 "실무가적이고 이지적이고 실리주의적인 성격"이라고 추정한다. 또 그는 "세종은 결코 서생 형, 순수 학자 형, 예술가 형의 인물이 아니라고 하겠다"고 단정 짓는다.[20]

이런 추정과 단정은 즉위 후 세종이 보여준 여러 모습들과도 대체로 일치한다. 실제로 세종은 순수 학자나 예술가라기보다는 이지적(理智的)이고 실무적(實務的)이며 실리적(實利的)이었던 것 같다. 그것은 세종의 학문관이 단순한 호학의 단계를 뛰어 넘는 것이었다는 데서 알 수 있다. 세종은 '수불석권의 독서', '심득의 독서', '집중의 독서', 그리고 '편벽되지 않은 독서' 등을 통해 군주로서의 마음공부는 물론 많은 분야에서 정통한 전문가 수준의 실력을 쌓았던 것이다.

우선 세종은 수불석권(手不釋卷)의 독서광이었다. 세종은 손에서 책을 놓지 않으며 무엇인가를 배우기를 좋아하였다. 그는 당시 입

---

20) 이한우, '세종, 그가 바로 조선이다'. (동방미디어, 2004) 64쪽에서 재인용.

수 가능한 경서(經書)나 사서(史書)를 거의 다 섭렵한 것 같다.

"정사를 보고 경연에 나아갔다. '통감강목'을 강독한 끝에 임금이 동지경연사 윤회에게 이르기를, '……통감강목은 권질이 많아서 임금은 다 보기가 쉽지 않다 하더니, 내가 경자년부터 강독을 시작하여 지금까지 이르렀는데, 그 사이에 혹은 30여 번을 읽은 것도 있고, 혹은 20여 번을 읽은 것도 있기는 하나, 참으로 다 보기는 어려운 책이라'고 하였다. 임금이 잠저에 있을 때부터 학문을 좋아하고 게을리 하지 않아서, 일찍이 경미한 병환이 있을 때에도 오히려 독서를 그치지 아니하므로, 태종께서 작은 환관을 시켜서 그 서책을 다 가져다가 감추게 하고 다만 구소수간(歐蘇手簡)만을 곁에 두었더니, 드디어 이 책을 다 보시었다. 즉위하심에 이르러서는 손에서 책을 놓지 않아, 비록 수라를 들 때에도 반드시 책을 펼쳐 좌우에 놓았으며, 혹은 밤중이 되도록 힘써 보시고 싫어하지 않으셨다. 일찍이 근신에게 말하기를, '내가 궁중에 있으면서 손을 거두고 한가롭게 앉아 있을 때는 없다.' 하셨으니, 이러하시기 때문에 경적에 널리 통하셨고, 심지어는 본국 역대의 사대문적에 이르기까지 보시지 않는 것이 없었고, 또 근신에게 말하기를, '내가 서적을 본 뒤에는 잊어버리는 것은 없었다.' 하시었으니, 그 총명하심과 학문을 좋아하시는 것은 천성이 그러하셨던 것이다……."(세종22/05/12/23)

세종은 '한가롭게 앉아 있을 때는 없다'고 할 정도로 책을 놓지 않았으며 권질에 따라 20번 내지 30번씩 읽기도 했다. 게다가 서적을 본 뒤에는 잊어버리는 것이 없었다고 하니 타고난 독서가였다.

그런데 세종은 많이 읽는 것에 머무르지 않고 '마음의 공부'를 강조한다. 세종은 즉위 후 첫 경연에서 경연관이 '대학연의(大學衍義)'의 유용성을 설명하자 다음과 같이 응수한다.

"그러나 경서를 글귀로만 풀이하는 것은 학문에 도움이 없으니, 반드시 마음의 공부가 있어야 한다."(세종1/즉위년/10/12)

이 대목은 세종의 학문관을 잘 드러내 준다. 세종은 단순히 자구(字句) 해석에 머무르는 공부는 학문이라 할 수 없으며, 반드시 마음의 공부가 있어야 한다고 강조하고 있다. 이것은 공부한 내용을 이해하여 자기의 것으로 만드는 과정이 필요하다는 의미일 것이다.

이러한 세종의 독서법을, 조남욱 교수는, '심득(心得, 마음으로 알아차리고 깨달음)의 차원에 이르는 독서법'이라고 표현한다. 마음으로부터 깨우치지 않고는 사물의 이치에 이를 수 없다는, 유교적인 독서법의 일반론을 체득한 결과이기도 하다.[21]

이와 같이 심득의 독서를 강조한 세종은 집중의 독서가이기도 했다. 그는 어느 분야이건 전문가적 수준에 이를 수 있도록 집중적이고 정밀한 독서가 필요하다고 강조한다.

"경연에 나가서 강론하다가, '지금 사람들이 글을 읽어서 한유(漢

---

21) 위의 책, 67쪽에서 재인용

儒)만큼 얻음이 있어도 좋겠다. 한유는 각각 한 가지 학문만 오로지 하였기 때문에 극히 자세히 보고 깨우쳤는데, 지금 사람은 겨우 이것 한 가지를 보고는 또 저것 하나를 보기를 요구하므로, 나중에 도무지 연구해 얻음이 없다.'고 한 말에 이르러, 임금이 말하기를, '이것이 내가 학자들을 위해 근심하는 것이다. 사서, 오경, 백가제사(百家諸史) 등을 어찌 하나같이 정밀하고 익숙할 수 있으리오. 지금 학자들이 사서, 오경을 두루 익히고자 하므로 소득이 없을 것은 명백하다. 반드시 정숙하여 관통하고자 하면 경전에 전심하는 학문만 같지 못하다.' 하였다."(세종59/15/02/02)

세종은 이것저것 두루 익히고자 하나 별 소득이 없던 당시 학자들의 행태를 염려하며 한 가지 학문에 집중하여 정밀하게 독서한 후 전문가다운 실력을 갖출 것을 요구하고 있다.

이와 같이 수불석권의 독서가요, 심득의 독서가요, 전문가 수준을 요구하는 집중적 정밀한 독서가인 세종은 등극하자마자 경연 활동에 적극적이었다. 그는 즉위 후 곧 경연을 열어 '대학연의(大學衍義)'를 공부한다. '대학'은 원래 '예기(禮記)'의 한 챕터였는데, 주자가 이를 따로 분리하여 독립된 교과서로 삼았던 것이다(대학집주). 그런데 그 '대학'에 송나라 학자 진덕수가 역사적 사례를 곁들이고 보다 자세한 해설을 덧붙여 명실상부한 제왕학(帝王學)으로 개편한 책이 바로 '대학연의' 였다. 세종의 첫 경연 텍스트로 '대학연의'를 진강한 당시 동지경연 이지강은 다음과 같이 아뢴다.

"임금의 학문은 마음을 바르게 하는 것이 근본이 되옵나니 마음이 바른 후에야 백관이 바르게 되고, 백관이 바르게 된 후에야 만민이 바르게 되옵는데, 마음이 바르게 되는 요지는 오로지 이 책에 있습니다."(세종1/즉위년/10/12)

주자(朱子)는 왕도정치(王道政治)에 이기심성론(理氣心性論)을 가미하여 그 왕도정치를 도학정치론(道學政治論)으로 다듬어 낸 인물이다. 도학의 핵심은 '정군심(正君心)'에 있음은 이미 살펴본 바다. 주자의 '대학집주'에서 비롯된 '대학연의'는 그러한 도학정신을 담고 있었던 것이다. 예나 지금이나 지도자의 바른 품성(도덕성)을 기르는 것이 리더십의 기본인데, 심득의 독서가인 세종은 위에서 말하는 '정군심'의 요지를 터득했을 것이다.

여기서 정군심은 정치리더의 투철한 도덕성을 강제하는 의미가 있는 것으로, 그것은 정치리더가 사사로움을 버리고 공공성(공공선의 추구)을 취해야 한다는 당위성을 논하는 것이다.

이후 세종의 경서 연구는 '근사록' '성리대전' 등으로 계속 확대되는데, 그렇게 독서하는 동안 세종의 군왕으로서의 인품은 날로 성숙되어 간다. 다음은 '성리대전'을 강론하던 때의 세종의 모습이다.

"경연에 나아가 '성리대전'을 강론하는데, '성음으로 귀를 수양하고 채색으로 눈을 수양한다.'는 데에 이르러 임금이 말하기를, '옛날 주나라가 융성할 때에는 문물이 크게 정비되어서 성음과 채색의 수양을 중하게 여기었는데, 내가 생각하기를 주나라의 평화한 시절에 있어서는 좋지마는 후세에 있어서는 성음이 사치에 빠지기 쉬우니 마땅히 이것으로 경계를 삼아야 할 것이다.' 하고, 또 '소반, 주발, 기명들도 모두 삼가는 것이 있다.'는 데에 이르러서 임금이 말하기를, '기명 따위의 삼가는 것은 눈에 보이는 것으로 마음을 깨우침에 진실로 유익한 것이다. 내가 빈풍칠월도(豳風七月圖)를 보고 그것으로 해서 농사짓는 일의 힘들고 어려움을 살펴 알게 되었는데;…… 빈풍에 모방하여 우리나라 풍속을 채집하여 일하는 모습을 그리고 찬미하는 노래를 지어서, 상하귀천이 모두 농사일의 소중함을 알게 하고 후손들에게 전해 주어서 영원한 세대까지 보아 알게 하고자 하니, 너희들 집현전에서는 널리 본국의 납세, 부과금, 부역, 농업, 잠업들의 일을 채집하여 그 실상을 그리고, 거기에 노래로 찬사를 써서 우리나라의 칠월시(七月詩)를 만들라.' 하니…….”(세종61, 15/8/13)

여기서 세종은 사(사치)를 경계하고 공(공익)을 추구하는 모습을 보여준다. 이렇게 사사로움을 경계하던 세종의 도덕성은, '천민(賤民)조차 하늘이 낸 백성(天民)'으로 여기고, '내가 박덕한 사람으로서 외람되이 백성의 군주가 되었으니'라고 하면서 백성에 대한 외경심(畏敬心)을 갖는 지경을 거쳐, 나아가 '다스림을 이루는 요체는 백성을 사랑하는 것보다 앞서는 것이 없다.'하여 백성을 사랑하는 경지에까지 이른다.

이와 같이 임금으로서 '경서'의 독서를 통해 '정군심'의 의미를 통찰하던 세종은 '민본'의 내용을 얻기 위해 '사서'에 관심을 갖는다.

세종은 매우 실용을 중시하는 정치가였다. 그는 경서 못지않게 역사서를 중시하면서 '편벽되지 않은' 독서를 하게 된다.

"대제학 변계량에게 명하여 사학(史學)을 읽을 만한 자를 뽑아 올리라고 하였다. 계량이 직집현전 정인지, 집현전 응교 설순, 인동 현감 김빈을 천거하니 임금이 즉시 빈에게 집현전 수찬을 제수하여, 3인으로 하여금 모든 사기(史記)를 나누어 읽게 하고, 임금의 고문(顧問)에 대비하게 하였다 이보다 먼저 임금이 윤회에게 묻기를, '내가 집현전의 선비들에게 모든 사기를 나누어 주어 읽게 하고자 한다.' 하니, 윤회가 대답하기를, '옳지 않습니다. 대체로 경학이 우선이고, 사학은 그 다음이 되는 것이나, 오로지 사학만을 닦아서는 안 됩니다' 하였다. 임금이 말하기를, '내가 경연에서 좌전(左傳), 사기(史記), 한서(漢書), 강목(綱目), 송감(宋鑑)에 기록된 옛 일을 물으니, 다 모른다고 말하였다. 지금의 선비들은 말로는 경학을 한다고 하나, 이치를 궁극히 밝히고 마음을 바르게 한 인사가 있다는 것을 아직 듣지 못하였다.' 하였다."(세종7/11/29)

세종은 역사적 지식에 대해 매우 목말라 하고 있다. 경연에서 역사에 대해 물었으나 답변하는 자가 없었던 것이다. 그렇다고 경학을 한다는 신료 중 '이치를 궁극히 밝히고 마음을 바르게 한 인사'가 있는 것도 아니었던 모양이다. 세종이 사학(史學)을 강조할 수밖에 없는 이유였다. 학문이 분화되어 있지 않던 당시로서는 치평(治平)의 요체를 역사적 사실에서 찾는 것이 가장 믿을 만 하다고 생각했던 것 같다. 이러한 필요성과 열정에 따라 세종의 강론은 '통감강목' '자치통감' 등의 역사서로 확장되었고, 얼마 후에는 '치평요람'이라는 간추린 역사서를 편찬토록 한다.

"임금이 지중추원사 정인지에게 이르기를, '무릇 잘 된 정치를 하려면 반드시 전대(前代)의 치란(治亂)의 사적을 보아야 할 것이요, 그 사적을 보려면 오직 역사의 기록을 상고하여야 할 것인데, 주나라 이래로 대대로 역사가 있으나 편찬한 것이 방대하여 쉽게 두루 상고할 수 없다. 내가 근래에 송유(宋儒)가 편찬한 자경편(自警編)을 보니 가언(嘉言)과 선행(善行)을 절(節)로 나누어서 유(類)에 따라 편찬하였는데, 간요(簡要)에 힘썼으니, 예전의 서적을 저작한 자가 사람들이 즐겨 보도록 하려고 한 것을 알 수 있다. 진실로 사람마다 학문에 대하여 박람(博覽)하기가 어려운 것인데. 하물며 임금이 만기(萬機)를 보살피는 여가 능히 박람할 수 있겠는가? 경이 사적을 상고하여 열람해서 그 선하고 악한 것에 가히 권징(勸懲)이 될 만한 것을 뽑아내어 하나의 서적으로 편찬하여, 관람하기에 편케 하여 후세 자손의 영원한 거울이 되게 하라. 또 동방에도 건국한 것이 오래이니 흥폐존망을 역시 알지 않을 수 없을 것이다. 아울러 편입시키되 번다하거나 간략한 데에 치우치게 말라.' 하고, 인하여 사명(賜名)하기를 '치평요람(治平要覽)'이라 하였다. 진양대군 이유에게 명하여 그 일을 감독하게 하고, 드디어 문학하는 선비를 집현전에 모아서 분과(分科)하여 성취하게 하였다."(세종23/6/28)

세종은 정치를 잘 해보려고 '전대의 치란의 역사'에 지대한 관심을 보인다. 그는 국내(동방),외(중국)의 역사서를 두루 살펴 권징이 될 만한 것을 뽑아 '간추린 역사'를 펴내게 하고, 그것을 정치의 귀감으로 삼고자 한 것이다.

사실 경서는, 역사에 관한 이야기가 아주 없는 것은 아니지만, 마음을 닦는 것을 주로 하는 책이다. 반면 역사서는 '치세와 난세의 사적'은 물론 고금의 정치적 결단과 그 결과의 모델을 살펴볼 수 있는 좋은 자료가 아닐 수 없다. 정치는 현실이요 살아 움직이는 실체다. 정치가는 행동가여야 한다. 언제까지나 마음만 닦고 있을 수는 없는 일 아닌가? 그래서 세종은 경서와 사서의 관계를 다음과 같이 정의하며, 당시의 학풍을 비판한다.

"경서(經書)와 사기(史記)는 체(體)와 용(用)이 서로 필요하여 편벽되게 폐(廢)할 수는 없는 것이다. 그러나 지금 학자들은 혹시 경서를 연구하는데 끌려서 사학을 읽지 아니하고, 그 경서를 배우는 자도 혹시는 제가의 주석한 것에만 힘쓰고, 본문과 주자의 집주한 것을 연구하지 아니한다……."(세종20/12/15)

세종은 어느 한 분야라도 전문가적 수준의 독서를 요구하지만, 어느 한 쪽에 치우치거나 편벽(偏僻)된 독서는 절름발이 독서라고 일침을 놓는다. 그는 또 독서하는 자들이 1차 자료를 읽지 않고, 2차 자료만 가지고 공부하고 연구하는 병폐까지 지적하고 있다. 세종은 독서가 독서를 하는 사람 자신은 물론, 백성들의 삶의 질 향상에

도움이 되어야 한다는 강한 신념이 있었다.

이와 같이 세종은 '수불석권'의 독서, '심득'의 독서, '집중적 정밀'의 독서, 그러면서도 '편벽되지 않은' 독서를 통해 도덕성과 효율성을 고루 갖춘 보기 드문 군주가 된다. 세종은 경서(經書)를 통해 리더로서의 바른 품성을 함양하고, 사서(史書)를 통해 나라 다스리는 도리를 간접 경험함으로써 국정수행 능력을 길러 리더로서의 사명을 다하고자 한 것이다.

이처럼 학문(學問)하는 경향(傾向) 내지 독서(讀書)의 내용(內容)이 한 인간의 자질을 좌우하는 결정적 역할을 하는 것을 볼 때, 오늘날 정치를 한다면서 진정 국민을 위한 정치(통합, 국리민복, 대외적 안정 등)를 위해 정정당당히 대화(對話)에 임하지 못하고, 자신들의 정치적 목적을 위해 국회 회의 중 공중 부양을 한다거나, 전기톱과 쇠사슬로 문을 부수거나 잠그고, 나아가 최루탄을 터뜨리는가 하면 거리에서 시위(示威)하는 것이 정치의 전부인양 여기며 으스대는 일부 인사들의 독서 실태를 연구해 볼 필요가 있을 것 같다. 그들은 어느 한 쪽에 치우치는 독서를 하지 않았을까 하는 의문이 들며, 정확한 연구가 보장된다면 상당히 의미 있는 결과가 나오지 않을까 하는 생각도 든다.

하여간 세종의 이러한 노력들이 어우러져 세종의 리더로서의 자질을 길러주었을 것이다. 세종은 왕도정치의 실용(實用)을 염두에 두고 학문에 정진(精進)하고 사색(思索)함으로써 이상을 현실화 하는데 필요한 통찰력을 얻을 수 있었고, 그 연장선상에서 백성을 통합하고 왕도정치를 실현하는 추진력을 얻을 수 있었다.

제 2 장

왕도적 민본정치에 대한 세종의 통찰력

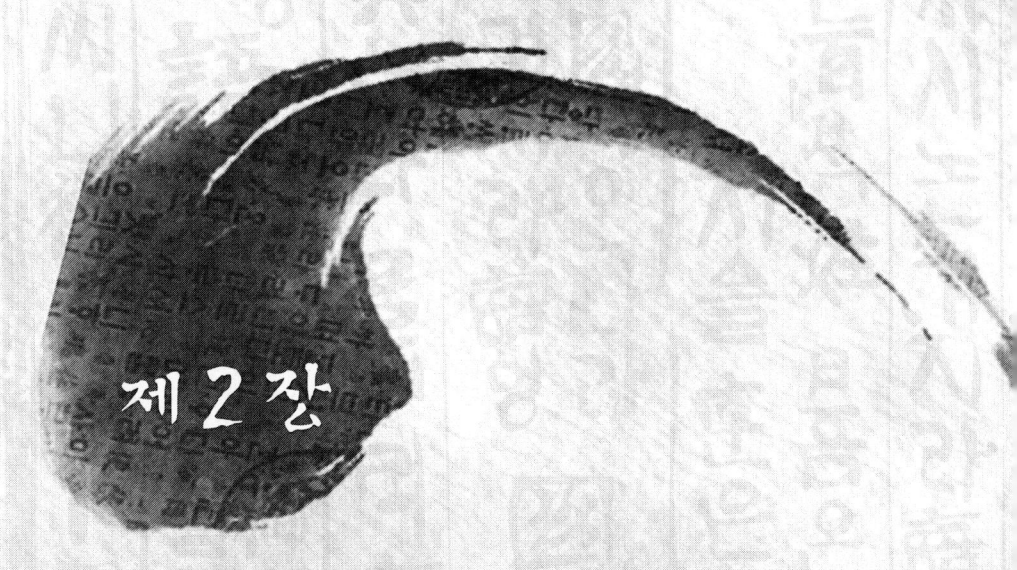

01 창의적 정치비전 제시

　새 왕조를 개창한 이성계는 혁명동지인 유학자 정도전에게 새 왕조의 청사진을 제시하기 위한 제반 조치를 강구하도록 위임한다. 이에 정도전은 왕도정치 이념을 정치적 명분으로 내세우면서 군왕(君王)을 정점(頂點)으로 하는 집권체제(集權體制)를 구상한다. 그러나 정도전은 군왕을 체제의 정점으로 내세우면서도 재상(宰相)이 정치과정의 실질적 중심에 서는 군신공치(君臣共治)체제를 추진한다. 이에 조선조 개창의 또 다른 주역인 이방원(태종)은 군왕이 명실 공히 정치과정의 중심에 서야 한다고 보고 정도전 일파를 축출한다. 그래서 새 왕조에서 왕도정치는 단지 정치적 구호에 불과한 듯 보였다. 그런데 다행히 태종의 현명한 판단으로 왕위가 세종으로 이어지면서 왕도정치가 실제로 활기를 띠게 되는 계기가 마련된다. 국왕에 취임한 세종은 즉위교서(卽位敎書)에서 다음과 같이 자신의 비전과 포부를 밝히며 왕도정치를 추진한다.

"……태조께서 흥업을 초창하시고 부왕 전하께서 큰 사업을 이어 받으시어, 삼가고 조심하여 하늘을 공경하고 백성을 사랑하며, 충성이 천자에게 이르고, 효하고 공경함이 신명에 통하여 나라의 안팎이 다스려 평안하고 나라의 창고가 넉넉하고 가득하며, 해구가 와서 복종하고 문치는 융성하고 무위는 떨치었다…… 예가 일어나고 악이 갖추어져 깊은 인애의 두터운 은택이 민심에 흡족하게 젖어들었고, 융성한 공렬은 사책에 넘치어 승평의 극치를 이룸이 옛적에는 없었나니 그러한지 이제 20년이 되었다…….

……일체의 제도는 모두 태조와 우리 부왕께서 이루어 놓으신 법도에 따라 할 것이며 아무런 변경이 없을 것이다…….

……아아, 위를 바로잡고 그 처음을 삼가서 종사의 소중함을 받들어 어짊을 베풀어 정치를 행하여야 바야흐로 땀 흘려 이루어주신 은택을 밀어 나아가게 되리라."(세종 1권, 즉위년,1418,무술, 8,11, 무자)

우리는 이 즉위교서에서 조선조와 자신의 역사적 좌표에 관한 세종의 통찰을 엿볼 수 있다. 위 교서에서 세종은 태조와 세종의 업적을 매우 창조적으로 해석하면서 조선조와 자신의 정체성을 확인하는 한편 자신의 비전과 포부를 밝히고 있다.

세종은 '삼가고 조심하여 하늘을 공경하고 백성을 사랑하는' 조종의 뜻을 이어받아 '종사의 소중함을 받들고 어짊을 베풀어 정치를 하겠다'고 선포한다. 이것은 세종의 정치비전이다. 그는 경천애인의 정신에 입각한 왕도정치의 실현을 천명(闡明)한 것이다. 세종에게 있어 왕도정치는 "예가 일어나고 악이 갖추어져 깊은 인애의 두터운 은택이 민심에 흡족하게 젖어드는" 정치사회(崇儒를 통한 統合의 정치), "융성한 공렬로 승평을 이루어 나라의 창고가 가득하고 넉넉하며 문치가 융성한" 경제문화(융성한 공렬을 통한 國利民福), 그리고 "충성이 천자에게 이르고 효하고 공경함이 신명에 통하여 나라의 안팎이 다스려 평안하고 해구가 와서 복종하는" 국방외교(적극적 공세적 외교를 통한 대외안보)를 건설하는 것이었다.

1) 숭유를 통한 통합의 정치

세종은 왕도정치이념이 단순한 정치적 수단으로서의 명분에 불과할 수도 있지만, 그것이 진짜 명실상부(名實相符)한 정치이념으로 기능한다면 진정한 민본정치가 가능하다고 판단한다.

이와 관련하여 세종은 왕도정치가 인의(仁義)를 중시하는데 주목한다. 왕도정치를 지향하는 '존왕천패(尊王賤覇)'의 이념적 기초는 '의리지변(義利之辨)'이 아니던가? 왕도정치는 이(利)를 추구하거나 이(利)에 바탕을 둔 정치가 아니고 의(義)를 추구하고 의(義)에 바탕을 둔 의로운 정치인 것이다. 그렇다고 이(利)를 무시하거나 백안시한다는 말은 아니다. 의로운 정치를 추구함으로써 온 백성이 그 은택을 받는 이로움을 누리도록 한다는 것이다.

그런데 의란 바로 인의 실천이요 이러한 인의(仁義)의 추구는 주자학을 거치면서 천리(天理)로 해석된다. 부모는 자애를 베풀고 자식은 효도하는 것, 이것이 유학의 근본이요 천륜(天倫)으로서 천리인데, 이러한 뜻이 군왕과 신민 사이에도 관철되는 것이다. 이제 군왕에 대한 충성도 부모에 대한 효도만큼이나 천리가 된 것이다. 즉 군왕은 자애를 베풀고 백성은 충성하는 것이다. 그렇다면 신민이 군왕에 충성하는 것이 인의(仁義) 때문이듯이 군왕도 신민에 대한 인의를 지켜 자애를 베풀어야 하는 것이다. 이를 통찰한 세종은 백성을 '하늘이 낸 백성(天民)'으로 인식한다.

"……상주고 벌주는 것은 임금된 자의 대권(大權)이건만, 임금된 자라도 한 사람의 죄 없는 자를 죽여서, 선한 것을 복(福)주고 지나친 것을 화(禍)주는 하늘의 법칙을 오히려 함부로 하지 못하는 것이다. 더욱이 노비는 비록 천민(賤民)이나 하늘이 낸 백성(天民)이 아님이 없으니, 신하된 자로서 하늘이 낳은 백성을 부리는 것만도 만족하다고 할 것인데, 그 어찌 제멋대로 형벌을 행하여 무고한 사람을 함부로 죽일 수 있단 말인가?……"(세종실록105권, 26년 윤7월 24일)

세종에게는 양민(良民)은 물론 천민(賤民)까지도 하늘이 낸 백성, 곧 천민(天民)이었다. 세종은 '임금이라도 하늘의 법칙을 함부로 하지 못하는 것'이라 하여 하늘을 경외(敬畏)하면서, 자신의 백성을 그러한 하늘이 낸 백성으로 해석한다. 이것은 세종이 백성에 대해서도 외경심을 가지고 대하겠다는 언명(言明)이 아니고 무엇인가?

세계패권국가 중국은 천자(天子)를 만들고, 고립국 일본은 천황(天

皇)을 만들었다. 그러나 코리아는 2천여의 역사상 천자도, 천황도 존재하지 않았다. 존재할 수가 없었다. 이러한 상황에서 세종은 천민(天民)을 재창조 했다. 세종이 발견한 천민은 '천자의 백성'도 '천황의 신하'도 아니다. 왕토왕민(王土王民)에서 나오는 '왕의 백성'도 아니다. 말 그대로 '하늘의 백성'이다. 세종은 백성 하나하나를 천자로 만들고, 천황처럼 받든 것이다. 왕은 단지 이 고귀한 '하늘의 백성'을 돌보는 사람일 뿐이다.[22]

이와 같이 세종은 백성을 명실상부한 천명의 근거로 읽어내며 외경(畏敬)의 대상으로 삼았음은 물론 나아가 "……다스림을 이루는 요체는 백성을 사랑하는 것보다 앞서는 것이 없다……."고 하면서 백성에 대해 애민(愛民)의 경지에 이르게 된다. 이것은 "다스리는 것은 곧 섬기는 것"이라는 예수 그리스도의 역설적 가르침에 비견되는, 참으로 탁월한 통찰력이 아닐 수 없다. 세종은 탁월한 통찰력으로 자신과 백성의 정체성을 확인한 것이다.

이러한 통찰력에 입각하여 세종은 자신을 보필하는 신료는 물론 필부필부의 일반 백성들까지 널리 유교적 마인드를 갖도록 숭유정책을 기획하고 실천한다.

여기서 유교적 마인드란 바로 인의(仁義)의 정신이다. 이 인의는 예(禮)로서 구체화되며 지(智)와 신(信)으로 보증된다. 따라서 유교사회에서의 인간관계는 지신(智信)에 바탕을 둔 인의(仁義)의 실현, 곧 예(禮)의 실천을 통해 이루어지는 것이다. 군왕은 도덕의 화신이 되어

---

22) 배기찬, 코리아 다시 생존의 기로에 서다 '(위즈덤하우스, 2005) 113쪽

인의로 모범을 보임으로써 백성을 감화시키고 예적 질서를 확산시켜 국가의 기강을 바로 잡으며 사회질서를 유지한다. 이처럼 예(禮)를 바탕으로 한 덕치(德治) 사회가 바로 세종이 꿈꾸는 정치사회였다. 예의 근본은 부모에 대한 효도와 임금에 대한 충성이다. 세종은 인의의 정신에 기초한 예적 사회, 즉 도덕정치(道德政治)가 관철되는 사회를 기획하고 실천하려 한 것이다.

이러한 세종의 숭유정책의 목표는 예적 질서의 확립에 머무르지 않는다. 세종은 예적 질서 일변도의 사회가 가져올 수 있는 폐단도 내다본다. 이에 세종은, 천지(天地)의 질서(秩序)인 예(禮) 못지않게 천지(天地)의 조화(調和)인 악(樂)과 그 악이 가져올 수 있는 어울림의 효과에 주목한다.

"악이란 천지의 조화이며 예란 천지의 질서다. 화합하므로 만물이 모두 조화하고, 질서가 있으므로 모든 사물들이 모두 구별된다. 악은 하늘로 말미암아 제작되고 예는 땅으로 인하여 만들어진다. 예가 잘못 만들어지면 어지러워지고 악이 잘못 만들어지면 횡포해진다. 천지의 조화와 질서에 밝은 뒤에야 예악을 일으킬 수 있다." (예기 19편, 악기)

예가 천지의 질서이긴 하지만 그것은 분별적 질서다. 그러한 예(禮)를 지나치게 강조하여 예에 치우치게 되면 그것은 죽은 율법이 되어, 인간관계는 인의(仁義)의 정신이 사라진, 비인간적인 지배-복종의 상하관계로 변질되고 말 것이다. 그러면 죽은 율법이 부메랑이 되어 하극상 등 백성들의 동요를 가져와 조야간의 조화가 깨져 예적 질서는 실종되고 말 것이며, 따라서 그것에 기초한 덕치 또한 공염불이 되고 말 것이다. 그래서 유덕자(有德者)인 군자가 되려면 악도 알아야 한다.

"무릇 음은 인심에서 생기고, 악은 윤리와 통하는 것이다. 그래서 성을 알지만 음을 모르면 금수이고, 음을 알고 악을 모르면 보통사람이다. 오직 군자만이 능히 악을 알 수 있다. 이러한 까닭에 성을 살펴 음을 알고, 음을 살펴 악을 알고, 악을 살펴 정치를 알면 치도가 갖추어진다."(예기 19편, 악기)

여기서 '악은 윤리와 통하는 것'이라 했는데, 그것은 예가 인의의 정신이 체화된 윤리적 법도로서 '사람으로서 마땅히 행하거나 지켜야 할 도리'를 의미한다면 악은 그러한 법도를 시행함에 있어 마음에 거리끼거나 불편함이 없는 마음의 바탕을 제공하기 때문이다. 실로 악을 통해 마음을 다스리면 바르고 선량한 마음이 자연스럽게 생겨나(至樂以治心 則易直子諒之心由然生矣), 예적 질서가 다스리는 나라와 마을과 가정이 하나가 될 수 있다.

"악을 종묘에서 임금과 신하가 함께 들으면 화경하지 않는 이가 없고, 마을에서 어른과 젊은이가 함께 들으면 화순하지 않는 이가 없으며, 집안에서 부자형제가 함께 들으면 화친하지 않는 이가 없다."(예기, 악기)

악은 나라와 마을과 집안에서 사람들을 한 마음으로 화합시킨다. 그래서 악을 살펴 정치를 하면 치도가 갖추어지는 것이다. 이러한 악의 정치적 효과에 대해 순자는 다음과 같이 정리하고 있다.

"……무릇 음악은 사람의 감정에 파고듦이 깊고 감화시키는 속도가 빠르다…… 음악이 조화롭고 평온하면 백성은 화합하며 혼란한 데로 흐르지 아니하고 음악이 엄숙하고 장엄하면 백성은 가지런하여 어지럽지 않게 된다…… 음악이란 사람을 다스리는데 있어 가장 효과적이다."(순자, 악론)

이러한 뜻에서 유교적 마인드의 확산(擴散)이라는 목표를 설정한 세종은 그 목표 달성을 위해 숭유에 최선을 다한다. 이러한 세종의 노력에 대해 신숙주는 다음과 같이 평가한다.

"주상 전하께옵서 유교를 숭상하시고 도를 소중히 여기시며 문학을 힘쓰고 교화를 일으킴에 그 지극함을 쓰지 않는 바가 없사온데……."(동국정운서문)

세종은 '예악의 조화'를 전제로 한 왕도정치라는 정치이념을 단순한 정치적 수단으로서의 명분이 아니라 현실정치에 실제로 적용하여 명실상부(名實相符)한 정치과정(政治過程)으로 살려 내 백성통합을 기하려 한 것이다.

예나 지금이나 정치는 권력을 휘두르는 기술이라기보다는 조화를 이루어 내는 기술이다. 세종은 이러한 정치의 핵심을 잘 파악하고 있었기에 예기(악기)'의 정신에 따라 '예와 악의 조화'에 입각한 덕치, 곧 도덕정치를 추구하려고 애를 쓴 것이다.

도덕정치는 인간 상호간의 관계를 적대적이거나 배타적이 아닌 상보적(相補的) 관계로 파악한다. 따라서 지배층과 피지배층, 혹은 지배층 내의 군왕과 신료 상호간의 관계 역시 적대적(敵對的)이거나 배타적(排他的) 관계가 아닌 상보적 관계임이 분명하다. 상보적 관계란 인간들이 각각 자신의 정체성(正體性)을 인식하고 서로 부족한 점을 보완하여 완전에 이르게 하려고 협력(協力)한다는 의미다. 이러한 상보적 인간관계를 상정하는 왕도정치는 백성통합을 위한 최선의 논리요 최고의 비책으로서 군왕과 신민 간 신뢰의 전제가 된다.

이러한 인간관계론은 오늘날의 법치정치에서도 통한다. 도덕정신을 발현하는 예가 왕도정치의 기본규범이라면 법은 최소한의 도덕으로서 자유민주주의 정치의 기본 규범이다. 자유민주주의 정치는 인간의 존엄성(尊嚴性)을 지키기 위해 개인의 생명, 재산, 행복을 담보하는 개인의 자유를 바탕으로 하여, 정치 경제 사회 문화 등의 모든 영역에서 개인의 평등(기회균등)을 법적으로 보장하는 민주주의이다. 이것은 자유와 평등의 조화를 모색하는 정치다. 그래서 인간관계에 있어 대화(對話)와 타협(妥協)을 가장 우선순위에 놓고, 그 보조수단으로 다수결원칙(多數決原則)을 준비한다. 다수결원칙은 소수(小數)의 의견이라 해서 버리거나 무시하지 않는 것이 원칙이다. 따라서 자유민주주의에서의 인간관계는, 비록 법치를 따르지만, 역시 적대적(敵對的)이거나 배타적(排他的)인 것은 아니며 서로 존중(尊

重)하고 배려(配慮)하며 각자 합리적(合理的)인 이익(利益)을 추구하는 상호 협력적 관계다.

그러므로 일부 자칭 타칭 진보 정치인들이나 오피니언 리더들이 민주주의를 부르짖으면서도 진정한 대화와 타협을 거부하는가 하면 다수결 원칙마저 원천봉쇄하려 드는 짓은 자유민주주의를 부정하는 태도다. 그들은 인간관계를, '약자(弱者)에 대한 강자(强者)의 착취(搾取)'라는 시각에서, 나아가 인간의 역사에 대해 계급투쟁(階級鬪爭)의 시각에서, 상호 적대적으로 보거나 배타적으로 보는 사회주의 내지 공산주의 이념에 집착하는 수구좌파다. 이들은 특히 대한민국의 건국세력과 산업화 세력에 대해 적대적 태도를 취하며 대한민국의 정통성과 정체성을 부정한다. 또 이들을 포용한 민주화 세력 역시 산업화세력과 아직 화해를 못하고 있어서 아직도 과거사를 놓고 논쟁을 일삼는다. 이러한 수구좌파의 인간관계론은 오늘날 우리의 민주정치에서 '예악의 조화'와 같은 조화의 정신을 말살시켜 버렸다.

사실 민주주의는 법치정치로 구체화된다. 법치란 나라의 주인인 국민이 각자 인간으로서의 존엄성을 지키기 위해 자유와 권리를 누릴 수 있지만, 그 자유와 권리를 국민 모두가 평등하게 누려야 하기 때문에, 매우 역설적이게도 그 주인 각자가 법(法)에 종속(從屬)되며 그 누구도, 아무리 중요하고 힘 있는 집단이라도 법 위에 존재할 수 없다는 것을 의미한다. 따라서 법치는 자유와 평등의 조화를 추구하며, 그 조화의 정신에는 공동체 및 그 구성원에 대한 애정(愛情)이나 동정(同情)의 개념이 들어있다. 왜냐하면 개인의 자유와 권리를 보호하기 위해서는 그 개인이 속한 공동체의 지속과 번영을 전제로

하는 공정(公正), 공의(公義), 공익(公益) 등 공공선이 추구되어야 하기 때문이다. 그러나 지금 우리나라는 그 법치마저 별로 힘을 쓰지 못하고 있다. 그것은 '유전무죄, 무전유죄' 라는 그간의 법 집행의 불공정성도 한 원인이 되지만, 그 보다는 역시 자신들의 정치적 목적을 위해 법 위에 올라서서 그 법을 짓밟고 무시하는 일단의 수구좌파세력의 행태가 법치의 조화정신을 무너뜨려 버렸기 때문이다.

우리나라의 법치가 이 지경에 이른 것은 우리나라 정치리더들이 민주국가로서 우리나라의 정통성과 정체성에 대해 투철한 개념이 없기 때문이기도 하다. 사실 민주주의라 해서 다 같은 민주주의는 아니다. 고대 그리스의 민주주의는 논외(論外) 로 치더라도 자유민주주의, 사회민주주의, 인민민주주의 등 많은 민주주의가 존재하며, 그렇게 민주주의가 갈리는 밑바탕에는 위의 인간관계론에 기초한 법의 개념(概念)에 있어 시각차(視覺差)가 존재한다. 예컨대 자유민주주의는 법에 대한 인식에 있어, 인간의 존엄성(尊嚴性)을 지키기 위해 각 개인의 자유(自由)와 권리(權利)를 보호(保護)하기 위한 수단(手段)으로 여기는 반면, 사회민주주의나 공산주의 및 인민민주주의의 법에 대한 인식은, 지배세력이 피지배세력(시민)을 착취(搾取)하고 지배(支配)하기 위한 수단(手段)으로 보는 경향이 절대적이다. 우리 사회에 존재하는 이러한 법의 개념에 대한 상반되는 태도가 바로 자유민주주의가 옳으니 그냥 민주주의가 옳으니 하는 논쟁을 일으키며 우리나라의 정통성과 정체성을 흐리고 있고, 정치리더들 역시 표를 쫓아 우왕좌왕할 뿐, 그 정통성과 정체성에 대한 명확한 인식을 결여한 채 뚜렷한 비전을 제시하지 못함으로써 조화의 정신을 살리지 못하고 있다.

　이렇게 조화를 잃어버린 오늘날의 우리의 정치는 보수와 진보의 조화, 여당과 야당의 조화, 그리고 구세대와 신세대의 조화 등이 사라져버리고 사생결단(死生決斷)의 싸움판만 커지고 있어 안타깝기 그지없다. 이러한 어려움을 벗어나기 위해서는 정치에 있어 조화의 정신을 살려내야 한다. 옛날처럼 예와 악의 조화에 기초한 도덕정치, 곧 왕도적 민본정치를 꾀할 수는 없겠지만, 우선 위 부조화의 근원인 산업화 세력과 민주화세력의 화해와 조화를 이끌어 내야하고, 나아가 개인의 권리와 공공선(公共善)의 조화 내지 자유와 평등의 조화를 통한 법치정치, 곧 자유민주적 민본정치를 고려해 볼 수 있을 것이며, 그것을 강제할 수 있는 좀더 정교한 법적 제도적 장치(裝置)를 모색해 볼 수 있을 것이다.

2) 융성한 공렬을 통한 국리민복

　경천애인의 정신에 입각한 세종의 왕도정치는 그 이념의 확산을 통한 백성통합을 꾀하면서 국리민복을 위한 민생(양민) 시나리오로 이어진다.

　"백성이란 것은 나라의 근본이요, 백성은 먹는 것을 하늘과 같이 우러러 보는 것이다. 요즈음 수한풍박(水旱風雹, - 홍수, 가뭄, 태풍, 우박)의 재앙으로 인하여 해마다 흉년이 들어 환과고독(鰥寡孤獨 - 외롭고 의지할 데 없는 사람)과 궁핍한 자가 먼저 그 고통을 받으며, 떳떳한 백성까지도 역시 굶주림을 면치 못하니 너무도 가련하고 민망하였다…… 슬프다. 한 많은 백성들의 굶어죽게 된 현상은 부덕한 나로서 두루 다 알 수 없으니, 감사나 수령으로 무릇 백성과 가까운 관원은 나의 지극한 뜻을 본받아 밤낮으로 게을리 하지 말고 한결같이 그 경내의 백성으로 하여금 굶주려 처소를 잃어버리지 않게 유의할 것이며, 궁벽한 촌락에까지도 친히 다니며 두루 살피어 힘껏 구제하도록 하라."(세종실록1/02/12)

세종은 자연재해(自然災害)로 인한 백성들의 굶주림을 안타깝게 여기고 그들을 구제하도록 관원들을 독려하고 있다. 여기서 세종은 '백성은 먹는 것을 하늘로 우러러 본다.'고 했는데, 이것이 바로 백성들의 먹을거리에 대한 세종의 비전이었다. 세종은 백성들의 먹을거리를 하늘만큼 소중히 여기고, 그들의 먹을거리를 창출하는 일이야말로 천명(天命)이라 생각한 것이다. 그래서 세종은 굶주리는 백성이 없도록, 특히 그들이 삶의 터전을 잃지 않도록 주의를 기울이고 있는 것이다.

왕정시대인 조선조시기에 생계(生計)를 꾸려가는 방법은 크게 두 가지였다. 하나는 공부를 열심히 하거나 무예를 닦아 왕정에 벼슬하는 일이요, 또 하나는 1차 산업에 종사하는 일, 특히 농사짓는 일이었다. 물론 당시에도 제조업이나 서비스업이 없는 것은 아니었지만, 그것은 주로 왕실(王室)이나 각 관아(官衙)의 비품 및 소모품을 충당하거나 혹은 궁궐이나 관아의 건축을 하는 정도였다. 그것도 잉여가치를 축적할 정도의 소득을 올리는 작업은 아니었고, 주로 대가(代價) 없는 부역(賦役)이나 노역(勞役)이었다. 따라서 조선조 사회에서는 농사 외에는 국가의 GDP를 좌우할 만한 비중 있는 산업은 없었다.[23]

이렇게 보면 당시 생산계층은 크게 두 집단으로 나뉜다. 지배층과 피지배층이 그것이다. 지배층은 녹봉(祿俸)과 과전(科田)을 지급받아 생활하였다. 녹봉은 요즈음의 연봉제와 비슷한 것이고, 과전은 농민들이 농사지어 놓은 것을 거두어들이면 되었다. 관료로서 수조권(收租勸)에 근거한 것이지만 일종의 지대(地代) 수입인 셈이다. 반면 농민들은 직접 생산 활동에 종사하여 자신들이 먹을 것은 물론 지배층들의 먹을거리까지 생산해야 했다. 당시 지배층이나 피지배층의 연 평균소득이 얼마인지를 알 수 있는 자료는 아직 알 수 없다. 다만 지배층의 최고 계급은 연봉(녹봉)으로 약 100석 남짓(미64, 황두23, 소맥10, 기타) 받았던 것 같고, 과전으로 150결을 받아 수조권을 행사했으니 그것도 미 약 500여석은 되었던 것 같다. 반면 최하계급은 연봉(녹봉) 약 10석 남짓(미9, 황두2, 소맥1, 기타)을 받고, 과전으로 약 10결정도의 수조권을 행사했다. 관료들 사이에도 소득격차가 심했고, 땅을 붙여먹는 농민들은 그보다 더 어려웠을 것으로 짐작할 수밖에 없다.

형편이 이러하다보니 누구든지 벼슬을 얻으려고 혈안이 되었을

---

23) 이하 , 국민소득, 정영현, 앞의 책 43-44쪽

것으로 짐작된다. 양반(兩班)은 양반대로 기득권을 잃지 않으려고 열심히 공부했을 것이고, 상민(常民)들도 할 수만 있다면 공부를 하여 벼슬을 얻으려고 노력했을 것이다. 그러나 공부만 해도 되는 양반과 주경야독(晝耕夜讀)해야 하는 상민사이에 어디 게임이 되었겠는가? 그야말로 어린 백성이 자신의 처지를 개선하기 위해 할 수 있는 일이나 기회는 거의 없었다. 그럼에도 이렇게 권리는 없고 의무만 있는 민초(民草)들이 존재하지 않고는, 또 이들의 묵시적 심정적 동의(同意)를 얻지 않고는 국가가 존립할 수 없었던 것이다. 그래서 군왕들은 '덕화교민(德化敎民)'을 통해 이들이 자발적으로 복종할 수 있도록 순치시키는 한편, 이들이 최소한의 의식주 생활을 할 수 있도록 '양민(養民)'을 해야 했던 것이다.

그런데 양민을 위해서는 역시 경제성장이 있어야 했다. 정복시대에는 정복행위 자체가 바로 경제성장을 가져오지만, 평화시대에는 농사(農事)나 목축(牧畜) 등의 산업 활동에 치중할 수밖에 없으므로 농토를 늘리고 농업의 생산성을 높이거나 가축을 늘리는 일이 중요했을 것이다. 양민을 위해 세종이 착수한 것은 태조 이래 실시되던 양전사업(量田事業)을 계속하여 토지의 결수(結數)를 늘리는 일과, 그 토지를 잘 활용하여 농업생산량을 높이는 일이었다.

이러한 작업은 자칫 국고의 수입을 늘리기 위한 것만으로 폄하될 수도 있으나, 토지에 대한 보다 체계적인 관리를 통하여 생산량을 증대시켜 농민들의 민생(民生)을 해결하고 국고(國庫)의 수입도 늘리는 이른바 '윈윈정책'으로 평가할 수 있을 것이다. 또 이러한 일은 노동력에 거의 절대적으로 의존하기 때문에 의료기술을 향상시켜

일손을 늘려야 했다. 그리하여 세종은 양민을 위한 농사(農事)의 기술(技術)과 의술(醫術)의 향상에 역량을 집중하게 된다.

양민을 위한 기술 및 의술 향상의 필요성은 오늘날도 유효하다. 지금은 기업의 시대이니만큼 정부가 나서서 이래라 저래라 할 수는 없겠지만, IT BT CT ET 등 첨단산업과 첨단산업의 바탕이 되는 정밀기계산업의 혁신에 법적 금융적 뒷받침을 아끼지 말아야 할 것이며, 반도체 자동차 철강 석유화학 건설 등 나라의 기초체력이 되는 산업의 혁신도 게을리하지 말아야 할 것이다.

어쨌든 민생에 심혈을 기울였지만, 세종은 취임하고 나서 7년여에 걸친 흉년(凶年)을 겪어야 했다. 이것이 세종에게는 엄청난 짐이 되었다. 그래서인지 세종은 다음과 같은 과제를 낸 적이 있었다.

"…… 다스림을 이루는 요체는 백성을 사랑하는 것보다 앞서는 것이 없다. 백성을 사랑하는 시초란 오직 백성에게 취하는 제도 안에 있다. 지금에 와서 백성에게 취하는 것은 전제와 공부만큼 중한 것이 없는데, 전제는 해마다 조정에서 조사관을 뽑아서 여러 도에 나누어 보내 손실을 실지로 조사하여 적중을 얻고자 했다. 그런데 간혹 조사관으로 간 사람이 나의 뜻을 따르지 않고 백성의 고통을 구휼하지 아니하며, 나는 이를 매우 못마땅하게 여겼다…… 공법을 사용하면서 이른바 좋지 못한 점을 고치려 한다면 그 방법은 어떠해야 하는가. 모두 진술하여 숨김이 없게 하라. 내가 장차 채택하여 시행하겠노라."(세종 09/03/16)

세종은 '백성을 사랑하는 일이 정치의 요체'이며, 백성을 사랑하는 구체적이고 근본적인 방법이 '백성에게 취하는 제도 안에 있다'고 공언하면서, 세법제도(稅法制度)의 개선책을 묻고 있다. 그는 7년에 걸친 흉년으로 인한 고난을 극복하는 과정에서 생산성(生産性) 향상을 위한 비전을 가지게 되었으며, 나아가 사랑하는 백성들의 부담을 덜어주기 위해, 종래의 '손실답험법(損失踏驗法)'을 대신할 수 있는 세제개편에 지대한 관심을 보이고 있는 것이다. '손실답험법'은 백성의 고통을 구휼하는 데에 문제가 있어 세종의 마음에 들지 않았던 것이다. 그래서 세종은 백성을 살릴 수 있는 합리적인 과세의 방법을 모색하고 있는 것이다.

이러한 과세의 합리화는 빈부격차가 그 어느 때보다도 심화되고 있는 오늘날 정책 당국을 가장 괴롭히고 있는 문제일 것이다. 부자들과 법인의 세금을 높여 복지에 쏟아 부어야 공정한 사회, 국리민복의 사회가 될 수 있다는 주장과, 과도한 세금과 국가 실력 이상의 복지는 오히려 생산성을 감소시켜 국리민복에 해가 된다는 주장이 팽팽하다. 문제는 포퓰리즘이다. 표를 얻어 정권을 탈취하기 위해 실력 이상의 복지 확대를 주장하는 비양심적 행태는 버려야 할 것이다.

민생을 위한 생산성 제고와 과세의 합리화를 기획한 세종은 국리민복을 위한 보다 근본적인 대책을 구상하게 되는데, 그것은 바로 훈민정음의 창제였다.

사실 유교적 마인드의 확산(擴散)에 역점을 두는 과정에서 세종의 뇌리에는 우리말을 우리 글자로 표현하지 못하는 데에 대한 아쉬움이 있었다. 우리말을 우리 글자로 표현할 수만 있다면 유교적 질서를 보급하는 일이 훨씬 더 효율적일 것이며, 그것은 민생이나 옥사 등 백성들의 실상을 파악하는 일에 획기적인 변화를 가져올 수 있을 것이라고 여긴 것이다.

이러한 아쉬움은 우리말을 한문으로 적어 뜻은 어느 정도 통할 수 있지만, 조선식 한문이 중국에서 쓰는 한어(漢語)와 다를 뿐만 아니라 그 발음도 중국말(화어, 華語)과 다른 데서 비롯된 것이다.[24] 세종은 훈민정음 창제 후 그동안 고민했던 사실을 다음과 같이 밝힌다.

"글 배우는 사람은 문맥을 이해하는데 어려움이 있고, 옥사 다루는 자도 그 곡절을 잘 표현하지 못한다."(세종, 28/9/28)

이러한 어려움을 조금이라도 덜어보고자 처음에 세종은 중국어 학습을 권장한다. 세종은 중국의 명사(名士)가 요동에 귀양 왔다는 말을 듣고 신숙주, 성삼문 등을 보내 한어(漢語)를 배우라 했고, 조정의 반대에도 불구하고 북경에 생도들을 보내 중국의 음운을 학습시키려 하는가 하면, 강이관(講肄官)과 별제학관(別齊學官)을 증설하고 생활비를 주변서 중국말 배우기를 권면하였다. 그러나 문제점은 여전했으니, 그것은 우리말을 우리글로 표현하지 못한 데서 오는 당연한 결과였다. 식자(識者)들의 형편이 그러하다면 무지한 백성들의 어려움은 더 이상 말할 나위가 없다.[25] 이에 세종은 우리 글자의 필

---

24) 박현모, '세종, 실록 밖으로 행차하다.' (푸른 역사, 2007) 151쪽
25) 위의 책, 152쪽.

요성을 통찰하고 훈민정음(訓民正音)의 창제를 구상하기에 이른 것이다. 다만 선진국인 중국의 문물을 받아들이기 위해서는 한문도 여전히 필요함을 알았고, 나아가 중국에 대한 사대사상으로 점철된 신료들 대다수의 거부 반응은 물론, 훈민정음 창제가 가져올 수 있는 중국과의 외교적 마찰도 예상되는 만큼, 훈민정음을 드러내 놓고 만들 수는 없었던 것 같다. 그래서 훈민정음 창제는 비밀 프로젝트로 진행되었다고 한다. 이 부분에 대해서는 앞으로 더욱 많은 연구가 필요해 보인다.

3) 적극적 사대 및 공세적 교린 외교를 통한 대외안보

양민(養民)을 위한 세종의 통찰은 생산성의 향상과 과세의 합리화, 그리고 훈민정음의 창제에 머무르지 않는다. 세종은 백성들이 안심하고 농사일에 전념할 수 있어야 진정한 양민이 이루어진다고 보았다. 그리하여 세종은 대외관계에 있어서도 왕권의 안정에 급급한 국방과 외교가 아니라, 백성들의 노고(勞苦)를 덜어 줄 수 있고 백성들의 안위(安危)에 초점을 맞춘 국방정책을 구상하였는데, 그것이 바로 적극적, 공세적 국방과 외교정책이었다.

조선조 국방외교 정책의 핵심은 명에 대한 사대외교(事大外交)였다. 명(明)은 아시아 국가의 맹주(盟主)였지만, 당시 조선조의 입장에서는 천하의 중심이었다. 명에 대한 힘의 열세(劣勢)를 인정할 수밖에 없었던 조선은 명과 평화적인 외교정책을 적극적으로 추진하게 되는데, 그것이 바로 '대명사대(對明事大)'외교였다.

"내가 즉위한 이래로 사대의 일에 있어서는 조금도 거짓을 행한 것이 없는데, 이제 징옥이 대사를 그르쳤으니 어찌해야 할 것인가?…… 전조의 대신들이 여러 번 남을 속이는 간사한 꾀를 행하여서, 태조 고황제가 매우 책망하고 용서하지 않은 일이 있었으나, 개국한 뒤로 솔선하여 섬기기를 각근히 하였으므로 황제가 대우하기를 후하게 하였다. 태종 황제에 이르러서도 우리 태종께서 공경하여 섬기기를 매우 돈독히 하시다가, 전하여 내 몸에 이르러 지성껏 신하로서 섬기매, 여러 번 포장(襃獎)하는 은혜를 입었고, 근래에는 칙서가 정녕(丁寧)하고 지극히 간절함이 전후에 없었던 바이다. 이러한 때를 당하여 만일 법에 어긋남이 있게 되면, 아홉길 되는 산을 만들다가 한 삼태기의 흙을 잘못함으로 공이 깨어지게 되어 반드시 천하 사람의 웃음거리가 될 것이니, 한심한 일이 아니겠느냐?"(세종, 14/11/18)

이와 같이 조선조는 처음부터 솔선하여 명나라를 섬겼고, 그러한 전통은 태종을 거쳐 세종에 이르고 있었음을 알 수 있다. 세종은 스스로 명 황제에 대해 신하(臣下)로 지칭하고 있다. 이러한 조선의 지극 정성에 대해 명나라 역시 '정녕하고 지극히 간절한 칙서'를 보내는 등 양국의 관계는 사대의 법에 어긋남이 없었다. 세종은, 이렇게 잘 유지되어 온 사대관계가 혹시 외교관례상 조그만 실수라도

해서 나쁜 영향을 받지 않을까 매우 노심초사하고 있는 것이다. 이러한 모습이 매우 굴욕적인 것으로 보이는 측면도 없지 않지만, 세종은 백성과 나라의 안위를 생각해서 패권국가로부터 부당한 간섭이나 불리한 전쟁을 당하지 않도록 조심, 또 조심하고 있는 것이리라. 당시 이징옥은 중국사신 윤봉이 무리한 공납을 요구하자 공납으로 잡아 온 매(해청)를 날려 보내버리는 등 반발을 했는데(징옥은 유배당함), 그 사건을 계기로 외교상의 문제가 발생하지 않도록 단속하고 있는 것이다.

이와 함께 세종은 중국에 대해 사대의 예를 취하는 원칙이 어떤 것임을 보여준다.

"근래에 사신이 아니 오는 해가 없으니 중국이 우리나라와 서로 한 집같이 합하여 정답고 친함이 지극하나, 사람의 사귐이란 친하면 반드시 벌어져서 틈이 생기는 것이 자연의 이치이다. 이제 사신을 대접함에 있어 서로 친함만 믿지 말고 더욱 예도와 공경을 갖추어 대접하여야 옳다."(세종실록13/07/15)

사실 앞의 징옥의 예에서 보듯이 명의 부당한 요구에 대한 반발도 있었지만, 세종 대에 이르러 대명관계는 사대를 넘어 친명의 단계에 이른 것 같다. 당시 중국은 해마다 조선에 사신(使臣)을 보내왔고, 사신도 일종의 전문직(專門職)이므로 매년 같은 인물이 사신으로 올 가능성이 매우 높으며, 또 사신을 맞이하는 조선의 관리도 그 사신과 안면이 있는 인물을 내 보낼 것이다. 그렇게 서로 만나

다보면 그 사귐이 친해질 수도 있고, 또 그래야 외교관계가 원만해질 것이지만, 그래도 기본적 원칙을 저버리지 말라는 세종의 당부다. 사사로운 정이 너무 깊어 서로 죽이 맞다보면 비리에 연루될 수도 있고, 또 공(公)과 사(私)를 혼동함으로써 일도 그르칠 수 있어서 친밀감이 적대감으로 변할 수도 있는 법이다. 따라서 친밀하면서도 예도와 공경을 다 하는 원칙을 철저히 지킨다면 외교상의 결례를 저지르지 않음은 물론, 부당한 요구에 대한 저자세의 사대를 최소화하고, 우리의 요구를 관철시킬 수 있는 돌파구를 마련할 수가 있는 법이다. 이러한 원칙을 염두에 둔 세종은 사대의 예를 행함에 있어 많은 공을 들인다.

세종은 사대외교(事大外交)를 매우 창의적으로 활용한다. 그는 백성들의 안위를 고려하여 명나라와 충돌하지 않고 북방의 영토를 보존 내지 확장하는 방향으로 나아갈 필요성을 절감한다. 그리고 그것을 위해서는 명의 신임이 절대 필요했던 것이다. 대명 사대외교는 무역의 통로로서도 중요했지만, 역시 그 핵심가치는 국가 안보였다. 세종은 안보를 위한 '적극적 사대'를 열어가기로 한 것이다.

이러한 사대가 훗날 사대를 위한 사대, 기득권 세력을 위한 사대로 변질되어 매우 굴욕적이고 수동적인 이미지를 갖게 되고 그래서 부정적인 인식이 강하지만, 사실 세계 패권국(覇權國)과 우호적인 외교관계의 설정은 나라와 백성의 안위에 결정적인 요소다.

오늘날 한국이 이 정도 성장 발전한 데에는 국제정치(國際政治)에 대한 이승만 전 대통령의 뛰어난 통찰력이 크게 한 몫 하였다. 그는 당시로서는 국제정치상 미국이 갖는 의미를 가장 잘 파악하고 있었다. 그래서 그는 한국이 북한으로부터 6·25 침략을 당했을 때 작전권을 미군에 이양하는 등 한국 대통령으로서 미국을 적절히 잘 활용하여 유엔군과 함께 적을 물리칠 수 있었다. 그는 또 미국을 협박하고 달래어 '한미상호방위조약'을 체결함으로써 우리나라의 경제성장과 발전의 토대를 놓았다. 이제 한미간 FTA가 비준되고 정식 출범함으로써 세계 패권국과의 군사적 경제적 관계가 더욱 공고해져 앞으로 중국, 일본, 러시아 등의 주변국과의 관계에서 상당한 유연성(柔軟性)을 발휘할 수 있을 것이다.

이러한 미국과의 우호적 관계가 갖는 장점(長點)을 애써 외면하고 우리나라가 미국과 FTA를 하면 미국의 식민지로 전락한다거나 중국의 반발을 불러와 경제와 안보에 위협이 된다는 주장을 펴는 자들도 많다. 이들은 조선조말 문호개방을 반대한 자들을 연상시킨다. 당시 많은 식자들이 종주국 청을 의식하고 개방을 두려워하여 결사반대했다. 그러나 그 결과는 오히려 조선의 식민지화였다. FTA는 이 시대의 문호개방이다. 세계의 역사는, 매우 역설적이지만, 문을 닫아걸고 지키려 하면 오히려 식민지가 되고, 문호를 개방하고 도전하면 번영이 뒤따른다. 더구나 지금은 식민지를 다투는 노골적인 제국주의(帝國主義) 시대가 아니라 좋건 싫건 간에 전 세계가 하나의 생활권으로 편입되는 지구촌 시대다. 그러므로 FTA를 할 것인가 말 것인가를 놓고 싸움질 할 것이 아니라 어떻게 해서든지 다른 나라들과 교류하며 자유무역을 추구하되 상호간에 피해를 최소화하고 유익함을 극대화할 수 있는 방안의 창출에 지혜를 모아야 할 것이다. 따라서 한.미 FTA를 반대하는 그들은 결코 대세(大勢)가 될 수 없고 또 대세가 되어서도 안 될 것이다.

어쨌든 사대의 예를 취함에 있어 국토 보전과 백성들의 안위를 최우선에 두었듯이, 세종은 교린책(交隣策)에 있어서도 백성들의 생업 안정과 안위를 가장 우선적으로 고려한다. 왜냐하면 국토의 남녘에서는 왜구(倭寇)가, 또 국토의 북녘에서는 여진족(女眞族)이 준동하여 주민을 약탈하고 살육을 자행하고 있었기 때문이다. 그런데 세종은 패권국 명에 대한 태도와는 달리, 교린의 대상인 왜와 여진에 대해서는 힘의 우위에 입각한 '공세적 교린'을 비전으로 내세운다. 세종은 패권국 명을 지렛대로 하여 왜와 여진에 대해 단호한 조처를 할 수 있었던 것이다.

세종은 즉위 1년에 상왕(태종)과 더불어 유정현, 박은, 이원, 허조 등을 불러 "허술한 틈을 타서 대마도를 치는 것이 좋을까 어떨까" 하고 논의한다. 그때 태종은 다음과 같이 단호한 태도를 보인다.

"금일의 의논이 전일에 계책한 것과 다르니, 만일 물리치지 못하고 침노만 받는다면, 한나라가 흉노에게 욕을 당한 것과 무엇이 다르겠는가? 그러므로 허술한 틈을 타서 쳐부수는 것만 같지 못하였다. 그래서 그들의 처자식을 잡아오고, 우리 군사는 거제도에 물러 있다가 적이 돌아옴을 기다려 요격하여, 그 배를 빼앗아 불사르고, 장사하러 온 자와 배에 머물러 있는 자는 모두 구류하고, 만일 명을 어기는 자가 있으면 베어버리고, 구주에서 온 왜인만은 구류하여 경동하는 일이 없게 하라. 또 우리가 약한 것을 보이는 것은 불가하니, 후일의 환이 어찌 다함이 있으리."(세종실록 4/01/05/14)

태종은 조선과 왜의 관계를 한(漢)나라와 흉노(匈奴)에 비유하면서 '우리가 약한 것을 보이는 것은 불가하니' 한 무제가 흉노를 정벌했듯이 조선도 대마도를 정벌해야 한다는 단호한 의지를 내 비치고 있다. 세종도 이에 동조했음은 물론이다. 며칠 후 세종은 다음과 같이 왜인(倭人)들의 만행(蠻行)을 하나하나 지적하면서 태종과 뜻을 같이 한다.

"대마도는 우리나라와 더불어 물 하나를 서로 바라보며 우리의 품안에 있거늘, 전조가 쇠란하였을 때 그 틈을 타서 경인년으로부터 우리의 변경을 침략하였고, 군인을 죽였으며, 가옥들을 불사르고 재산을 빼앗아 탕진하였다. 연해지방에서는 사상자가 깔려 있는 지가 여러 해이다. 우리 태조 강헌대왕이 용비하시어 운을 맞아서 너희들을 도와 편안하게 하여 서로 믿고 지내게 하였으나, 오히려 또한 고치지도 아니하고, 병자년에는 동래에 들어와서 도적질하고 병선을 빼앗고 군사를 살육하였으며, 우리의 상덕 신공하신 상왕이 즉위하신 후 병술년에는 조운선을 전라도에서 빼앗아 갔고, 무자년에는 병선을 충청도에서 불사르고 그 만호까지 죽였으며, 재차 제주에 들어와서는 살상이 또한 많았었다…… 그렇기에 그들을 토죄할 적에도 수호의 친속들과 전일에 이미 순순히 항복해 온 자와 지금 우리의 풍화를 사모하여 투항한 자들만은 죽이지 말고, 다만 입구한 자의 처자식과 여당만을 잡아오라고 하신 것이다……."(세종 4/01/05/29)

이와 같이 세종은 조선의 백성들과 군인들이 당하는 수난을 안타까워하고 분하게 여기며 대마도(對馬島)를 정벌하려는 뜻을 내비치기는 했으나, 만행을 저지른 자들을 골라 응징만 할 뿐, 대마도 자체를 경영할 뜻은 내보이지 않는다. 세종은 대마도 땅 그 자체보다는 서남 해안의 넓은 농경지(農耕地)를 경작하는 백성들을 염두에 두었던 것 같다. 조선은 농경국가로서 아직 해양진출(海洋進出)이 갖는 의미를 알지 못했다. 그래서인지 세종의 진짜 관심은 다른 지역, 곧 북방(北方)에 있었다.

"오랑캐를 방어하는 방도가 예전에도 좋은 계책이 없었다. 삼대(三代)의 제왕들은 오면 어루만지고 가면   지 아니하며, 다만 횡포하지 못하도록 하였을 뿐이다. 그러나 확실한 문적이 없어서 자세히는 알 수 없고, 한나라 이후로 역사를 상고할 수 있다…… 무제(武帝)는 사이(四夷)에 군사의 일이 많아서 천하가 허모(虛耗)하였고, 당 송의 일은 더욱 명백하였다. 그러므로 옛 사람들이 이를 모기에 비하여 구제(驅除)하였을 뿐이다. 옛 사람이 이와 같이 한 까닭은 나라의 크고 작음이 없이 벌에 독이 있는 것과 같다. 피차간에 무죄한 백성이 어찌 해를 받음이 없겠느냐? 그러나 파저강의 도적은 이와 다르다. 지난 임인년 사이에 우리 여연을 침노하였고, 그 뒤에 홀라온에게 쫓긴 바가 되어 그 소굴을 잃고는, 그 가족을 이끌고 와서 강가에 살기를 애걸하기에, 나라에서 가엾이 여겨 우리나라에 붙어 살 것을 허락하였으니, 보호한 은혜가 적지 아니한데, 지금 은덕을 저버리고 무고히 쳐들어와서 평민을 죽이고 잡아갔으니, 궁흉

극악한 죄는 베어 용서할 수 없다. 만약 정토하지 아니하면 뒤에 뉘우치고 깨달음이 없어, 해마다 반드시 이와 같은 일이 있을 것이다. 더군다나 지금은 나라가 태평한지 오래 되어서 근심이 없으니, '맹자'에 이르기를, '적국과 외환이 없으면 나라가 항상 망한다.'고 하였으니, 오늘날의 일은 비록 오랑캐들이 한 짓이나, 실은 하늘이 우리를 경계하기 위한 것이다."(세종, 15/01/19)

세종은 오랑캐에 대해 '오면 어루만지고 가면 쫓지 아니하는' 삼대(三代) 이래의 계책이 유효하기는 하나, 우리의 영토를 쳐들어와 무고히 평민을 죽이고 잡아간 파저강가의 도적들(여진족 일파)은 용서할 수 없는 만큼, 그 파저강(婆猪江) 주변을 토벌(討伐)하여 단호히 응징해야 한다고 주장한다. 그것도 하늘이 내려준 기회라는 것이다. 백성의 안위에 대한 세종의 단호함과 적극성이 엿보이는 장면이다. 오랑캐에 대한 이러한 대책과 함께 세종은 다음과 같이 영토보전에 대한 비전을 드러낸다.

"옛날부터 제왕들은 국토를 개척하여 나라의 근본으로 삼는 일을 소중하게 여기지 않는 이가 없었음은 역사책을 상고하여 보면 분명히 알 수 있다. 또 우리나라는 북쪽으로 두만강을 경계로 하였으니 하늘이 만들고 땅이 이루어 놓은 천연의 요새이며 웅번이 호위하여 봉역을 한계하였다…… 알목하는 곧 두만강의 남쪽, 우리의 국경 안에 있다. 토지가 비옥하여 경농과 목축에 적당하며 바로 요충에 위치하였으니 거진을 설치하여 나라의 북쪽문을 웅장하게 하기에 합당하다…… 일의 기회가 왔으니 절호의 시시를 잃어버릴 수는 없다. 내가 선인들의 뜻을 이어 이루어서 다시 경원부를 소다로에 되돌려 옮기고, 영북진을 알목하에 옮긴 뒤에 이주할 백성들을 모아서 충실하게 만들고자 한다. 그리하여 삼가 조종으로부터 물려받은 천연으로 험난한 국토를 지키고 변방 백성들의 교대로 수비하는 노고를 조금이나마 덜어 주고자 한다."(세종실록15/11/21)

세종은 '하늘이 만들고 땅이 이루어놓은 천연의 요새'를 군건히 함으로써 변방(邊方) 백성들의 교대로 수비(守備)하는 노고를 덜고, 그들이 안심하고 생업에 힘을 쏟을 수 있는 국방정책을 구상한 것이다. 이러한 비전이 있었기에 세종은 친정(親政) 후 최윤덕, 김종서로 하여금 여진을 정벌하고 4군6진(四郡六鎭)을 설치, 백성들을 이주시켜 북쪽의 국경을 확정짓고 대외적 안정을 도모할 수 있었던 것이다.

02 애민적, 미래지향적 인재 선발

1) 백성에게 친근하고 선량한 관리 주문 - 열정과 충성

세종의 정치 비전인 왕도적 민본정치는 존현사능(尊賢使能)과 언로개방(言路開放)을 양대 축으로 하여 공론정치를 통한 통합을 꾀하고, 그 바탕위에서 민본의 정사, 곧 민생을 챙기는 정치다. 다시 말하면 이것은 성군(聖君)이 현상(賢相)을 찾아내 그에게 민본의 정사를 맡기는 정치다. 세종의 인재선발은 그러한 정치비전에서 비롯된다.

"백성은 나라의 근본이니 근본이 튼튼해야만 나라가 평안하게 된다. 내가 박덕한 사람으로서 외람되이 백성의 군주가 되었으니, 오직 이 백성을 기르고 어루만지고 달래주는 방법만이 마음속에 간절하여, 백성에게 친근한 관원을 신중히 선택하고 출척하는 법을 거듭 단속하였는데도 오히려 듣고 보는 바가 미치지 못함이 있을까 염려된다. 이에 사헌부에 명하여 풍문을 듣고 규탄하여 선량한 관리를 얻어 함께 백성을 다스리기를 희망한다."(세종실록, 05/07/03)

세종의 주요 관심사는 나라의 근본인 백성이었다. 세종은 '외람되이 백성의 군주가 되었으니'라 하면서 백성에 대한 외경심(畏敬心)을 가졌고, 나아가 '오직 백성을 기르고 어루만지고 달래주는 방법만이 마음속에 간절하다.'고 하여 백성에 대한 애정(愛情)을 토로하면서 '양민'을 결심한다.

이와 같이 백성을 경외하고 사랑하는 마음에서 세종은 인재선발에 관한 몇 가지 원칙을 세운다. 그 중의 하나로 세종은 '백성에게 친근하고 선량한 관원'을 주문한다. 이와 관련하여 다음의 교지(敎旨)를 주목할 필요가 있다.

"대체로 보아 사람에게는 한 가지 능한 법이 있는 법이다. 익평부원군(방원의 형 익안대군의 아들)은 성질이 원래 망령된데다 별로 재주와 덕도 없었으나 부지런하고 진실하기로 이름을 얻었고, 변처후(태조의 서형제 이원계의 사위)는 비록 재주와 인망은 없었으나 관직에 있으면서 부지런하고 삼가서 조심하였으니, 이것이 취할 만한 것이다."(세종실록, 26/05/20)

여기서 세종은 '사람은 누구나 한 가지 능한 법이 있다.'고 하면서 재주나 덕까지 갖추고 있다면 더할 나위 없이 좋지만, 혹 재주나 덕이 없더라도 '부지런하고 진실한' 혹은 '부지런하고 삼가 조심하는'

태도를 갖춘 신료를 취하겠다는 것이다. 세종은 '백성에게 친근하고 선량한 관리'의 조건으로서 '부지런하고 진실한 관리' 내지 '부지런하고 삼가 조심하는 관리'를 내세운 것이다. 사실 부지런해야 백성에게 친근하게 다가갈 것이고, 진실하며 삼가 조심해야 백성들의 마음을 얻을 수 있지 않겠는가?

여기서 '부지런한' 태도는 바로 신료가 백성을 위한 일에 적극적으로 자신의 최선(最善)을 다하는 열정(熱情)을 의미하고, 또 '진실한' 내지 '삼가 조심하는' 태도는 바로 신료들이 백성을 경외(敬畏)해야 함을 의미한다. 경외란 너무 존경스러워 떨리는 마음으로 섬겨야 한다는 의미를 담고 있다. 결국 세종은 비록 재주와 덕이 좀 부족하더라도 백성을 경외하는 열정적인 인재를 우선적으로 고려하고 있음을 알 수 있다.

그런데 이러한 부지런함은, 세종에 의하면, 국가에 충성하기 위한 것이어야 한다.

"내가 작은 벼슬을 제수할 적에도 반드시 마음을 기울여서 고르는데 하물며 정승이리오. 최윤덕은 비록 배우지 않아서 윗사람에게 의견을 올리는 일에 어두우나, 밤낮으로 게으르지 아니하고 지극한 마음으로 국가에 충성하여 족히 그 지위를 보전할 것이다."(세종실록, 15/05/16)

정승(政丞)은 관원 중에서 최고위직(最高位職)에 해당한다. 그러한 정승을 고르면서 세종은 '윗사람에게 의견을 올리는 일에 어두우나 밤낮으로 게으르지 않은' 자를 선택한 것이다. 세종은 기획력은 부족해도 부지런한 신료를 선호했으며, 그 부지런함은 지극한 마음으로 국가에 충성하기 위한 것이어야 한다고 언명한 것이다. 여기서 '지극한 마음'은 열정(熱情)을 의미한다. 따라서 세종은 재주와 덕이 좀 받쳐주지 않더라도 백성(百姓)과 국가(國家)를 경외하고 사랑하는 마음으로 열정과 충성을 다 할 수 있다면, 그것이 바로 신료의 가장 중요한 덕목이라고 본다.

　세종의 이러한 인사 원칙과 방침은 사실은 세종 자신이 백성과 나라를 경외(敬畏)한 데서 비롯된 것이다. 세종은 일찍이 백성을 천민(天民)으로 파악한 바 있었다. 그는 자신이 가졌던 백성에 대한 천민의식을 관리들도 갖기를 간절히 원했던 것이다. 세종은 신료(관리)들이 그러한 천민의식을 가져야 관리로서의 열정과 충성심이 발휘될 수 있다고 보았으며, 그러한 자들은 재주와 덕망이 좀 부족하더라도 적극적으로 포용하겠다는 것이다. 세종은 그의 인사정책에 있어 관리 후보자들의 장점을 보고 등용하는, 네거티브가 아닌 포지티브 인사정책(人事政策)을 구사한 것이다.

2) 미래지향적 열린 마음으로 - 재주와 덕망

　신료 선발 기준으로서 열정과 충성심 다음으로 세종이 중시한 것은 재주와 덕망이었다. 세종은 '적재적소(適材適所)'의 인물이 필요할 때는 재주나 덕망, 혹은 그 중 한 가지만 능해도 신료로 선택하는 일을 주저하지 않는다. 그는 관리 후보자의 과거나 신분질서에 크게 구애받지 않고, 미래지향적 열린 마음으로 신료를 선발하는 포용력을 발휘한 것이다.

세종은, 필요한 인물이라면 그 인물의 허물은 눈감아 주고 그 자의 재주나 공적(功績)에 눈을 돌려 그의 가능성을 통찰한다. 세종은 어떤 사람에 대한 세간의 평이 좋지 않더라도(덕이 좀 모자라도), 그 평이 치명적이지 않는 한, 그 사람의 능력(재주)을 높이 사는 측면을 보여준다. 다음은 황희에 대한 세종의 인물평이다.

"경은 세상을 다스려 이끌 만한 재주와 실제 쓸 수 있는 학문을 지녔도다. 모책은 일만 가지 사무를 종합하기에 넉넉하고, 덕망은 모든 관료의 사표가 되기에 족하도다…… 묘당에 의심나는 일이 있을 때면 경은 곧 시귀(蓍龜, 점칠 때 쓰는 가새풀과 거북)였고, 정사와 형벌을 의논할 때면 경은 곧 저울대였으니, 모든 그때그때의 시책은 다 경의 보필에 의지하였도다."(세종실록, 10/06/25)

황희는 젊은 시절 평판이 좋지 않았고, 양녕의 세자 폐위를 반대하다가 남원에 귀양 갔던 인물이다. 세종의 세자책봉을 반대한, 용서하기 힘든 대상이었다. 그러나 세종은 태종의 권유에 따라 귀양가 있던 황희를 불러들여 일단 강원도 관찰사로 보내어 시험해 본 후 재상으로 계속 중용한다. 위의 평가(評價) 정도면, 황희는 세종의 절대적인 신임을 받았다고 볼 수 있다. 황희는 '일만 가지 사무를 종합해 내는' 능력, 곧 복잡한 일을 간단히 정리해내는 재주로 세종의 마음을 사로잡는다. 그는 묘당(廟堂)의 의심나는 일의 본질을 잘 분별(分別)해 내는 지혜(智慧)가 있었고, 정사(政事)와 형벌(刑罰)을 논할 때는 균형추 역할을 할 수 있는 지식이 있었다.

이러한 재주와 함께 그는 사람을 알아보는 통찰력이 있어서 세종에게 많은 인재를 천거한다. 황희는 마흔 살 무렵까지 '불우한 관운'으로 파직과 면직을 거듭하며 지방을 전전하는 가운데, 궁궐밖에 버려져 있는 많은 인재들을 만난다. 일찍이 허조를 태종에게 추천했던 황희는 최윤덕을 영변부사로 추천하여 훗날 압록강변의 4군을 개척하고 북변을 안정시키는 성과를 거두게 하였고, 문장력이 빼어나고 총명한 안숭선을 경기좌도 찰방(察訪)으로 천거하여 훗날 지신사(知申事)로서 세종을 지근거리에서 보좌토록 했다. 최윤덕은 한미한 가문 때문에, 안숭선은 함길도사 재직 시 지은 죄 때문에 말이 많았던 인사였다. 그리고 아비가 외국인이고 어미가 기생이라는 이유로 버려질 뻔한 장영실을 허조 등의 반대에도 불구하고 호군(護軍)이라는 관직에 제수토록 했다.[26]

김종서의 경우도 황희와 유사한 측면이 있다. 김종서는 태종 5년 23세의 나이로 문과(文科)에 급제(及第)했는데, 태종 15년 궁궐 내 비품 출납을 담당하는 직장의 일을 잘못하여 태장(笞杖)을 맞고 파면을 당하는가 하면, 태종 18년에도 죽산 현감(縣監)으로서 방축을 제대로 수축하지 않아 또 태형을 받았다.[27] 이러한 허물에도 불구하

---

26) 박현모, 세종 실록 밖으로 행차하다. 75-76쪽. 참조.
27) 박현모, 세종처럼, 289쪽

고 김종서는 세종에 의해 중용된다. 김종서에 대한 세종의 평을 들어보자.

"…… 내가 생각하건대 함길도는 지경이 저 오랑캐 땅에 연해 있으므로 수비와 방어의 긴요한 것은 본디 다른 도의 비교가 아니다. 하물며 지금 새로 설치한 군읍의 무유하는 방법은 또한 평상시와 비교할 수 없는 것이다. 경은 옛일을 상고하는 힘과 일을 처리하는 재주가 있으며, 일찍이 측근의 관직에 있어 내 뜻을 자세히 알아서 중대한 임무를 맡을 만한 까닭으로, 일찍이 명하여 도관찰사로 삼았다가 또 도절제사로 옮겼는데, 북방에 오래 있어 지방풍속을 자세히 보고, 적군의 약하고 강함과 백성의 진실과 허위를 자세히 다 알아서 처리함이 방법이 있었던 까닭으로 내 뜻이 단연히 경으로서 북방의 책임을 맡겼던 것이다……."(세종실록 18/01/21)

김종서는 과거 태형을 받은 허물이 있었지만 세종은 그를 측근의 관직에 두고 시험해 본 후 중책을 맡긴 것이다. 세종이 김종서를 중용한 배경은 김종서의 전문성(專門性)이다. 세종은 김종서에 대해 '옛일을 상고하는 힘과 일을 처리하는 재주가 있다.'고 했으며, '북방 문제의 전문가'로 인식하고 있다. 이와 같이 인재에 대한 세종의 통찰은 확실히 미래지향적이다.

세종은 '사람됨이 거칠어 사리를 잘 분별하지 못한다.'는 평판을 듣던 설순을 집현전에 발탁하여 '삼강행실도'의 편수(編修) 책임을 맡긴 일도 있었다.

또 세종은 가능성이 보이면, 그 사람의 신분(身分)이나 조상(祖上)의 죄(罪)도 문제 삼지 않았다. 그리하여 세종은 "사람을 쓰는 것은 그 세족의 아름다운 것을 숭상하지 않고 다만 그 재주와 덕망이 일을 성공시키고 사람을 이롭게 하는 것만 취했던 것이니, 진실로 그 사람이 어질다면, 비록 사립문과 개구멍에 사는 천인이라도 공경이 되어도 해롭지 않다."라는 신개 등의 상소에 동의하였고, "장리의 자손일지라도 진실로 현능하다면 써야 한다"는 세 의정대신의 건의를 윤허하였다. 이러한 방침에 따라 세종은 '장죄(贓罪)'에 연루된 죄로 탄핵을 받은 적이 있는 조말생을 동지중추원사를 거쳐 함경도 관찰사 겸 함흥부윤으로 임명하여 그 벼슬길을 열어 주었고, 박자청, 장영실 등은 신분을 초월하여 벼슬을 얻는다.[28]

"(박자청은) 미천한 데서 일어나 다른 기능 없이 다만 토목공사를 감독해 지위가 재부(재상)까지 이르렀으니 중의를 누를 수가 없었다."(세종실록, 01/08)

"장영실은 그 아비가 본디 원나라의 소. 항주 사람이고, 어미는 기생이었는데, 공교한 솜씨가 보통 사람보다 뛰어나므로 태종께서 보호하시었고, 나도 역시 이를 아낀다······ 영실의 사람됨이 비단 공교한 솜씨만 있는 것이 아니라 성질이 똑똑하기가 보통보다 뛰어나서, 매양 강무할 때에는 나의 곁에 가까이 두어서 내시를 대신하

---

28) 위의 곳.

여 명령을 전하기도 하였다. 그러나 어찌 이것을 공이라고 하겠는가? 이제 자격궁루를 만들었는데 비록 나의 가르침을 받아서 하였지만, 만약 이 사람이 아니었더라면 암만해도 만들어내지 못했을 것이다. 내가 들으니 원나라 순제 때에 저절로 치는 물시계가 있었다 하나 만듦새의 정교함이 아마도 영실의 정밀함에는 미치지 못했을 것이다. 만대에 이어 전할 기물을 능히 만들었으니 그 공이 작지 아니하므로 호군의 관직을 더해 주고자 한다."(세종실록, 15/09/16)

박자청은 노복 출신이지만 토목공사에 있어 그 전문성을 인정받아 벼슬이 종1품인 의정부 참찬을 거쳐 우군도총제부판사에 이르렀고, 장영실은 공교한 솜씨와 영민함으로 세종의 신임을 얻어 때로는 내시를 대신하여 왕명을 출납하는 등 세종을 최측근에서 보필하다가 마침내 원나라 물시계보다 더 정교한 자격루를 만들어 공을 인정받고 호군의 벼슬에 오른다. 이들은 모두 매우 비천한 집안 출신이었지만 세종에게는 더없이 소중한 인재들로 쓰임 받았다.

제3장

왕도정치와 세종의 통합력

탁월한 통찰력으로 '숭유를 통한 정치사회적 통합', '융성한 공렬을 통한 국리민복' 그리고 '적극적 사대 및 공세적 교린 외교를 통한 대외안보' 등의 국가 비전을 제시한 세종은 애민적, 미래지향적인 관점에서 신료를 선발하면서 무엇보다도 우선 신민의 통합을 기획한다. 이를 위해 그는 왕도정치이념에 충실을 기한다. 그는 당대의 인재들을 거의 망라하여 조정에 출사시켜 그들을 국정의 동반자로 대우하며 공론이 조정에 머물도록 조처하였고, 나아가 언로를 널리 개방하고 집단적 정책결정 방식을 선호함으로써 신민들과 비전을 공유한다. 뿐만 아니라 그는 공들여 선발한 신료들을 적재적소에서 일하도록 조처하고 포용적인 인사(人事)로 개혁과 통합의 조화에 힘쓰면서 유교정치문화의 형성에 진력한다.

01 비전의 공유

1) 존현사능, 신료는 국정의 동반자

사실 조선조는 나라를 세우고 쿠데타를 겪는 과정에서 많은 공신(功臣)들이 탄생하였지만, 그 공신 그룹은 태조나 태종과 함께 역성혁명과 쿠데타 과정에서 맺어진 동지들로서 왕도정치에 대한 명분을 내세우지만 실제로는 권력지향적(權力指向的)인 인물들이 많았다. 그래서 왕도정치를 지향하며, 그것을 꼭 현실의 정치과정에 실현하고야 말겠다는 세종에게는 새로운 인재들이 필요했다.

"백성은 나라의 근본이니 근본이 튼튼해야만 나라가 평안하게 된다. 내가 박덕한 사람으로서 외람되이 백성의 군주가 되었으니, 오직 이 백성을 기르고 어루만지고 달래주는 방법만이 마음속에 간절하여, 백성에게 친근한 관원을 신중히 선택하고 출척하는 법을 거듭 단속하였는데도 오히려 듣고 보는 바가 미치지 못함이 있을까 염려된다. 이에 사헌부에 명하여 풍문을 듣고 규탄하여 선량한 관리를 얻어 함께 백성을 다스리기를 희망한다."(세종실록, 05/07/03)

군주 리더 세종은 '오직 이 백성을 기르고 어루만지고 달래주는 방법만이 마음속에 간절'하다고 고백한다. 이것은 민본정치의 핵심 내용인 '양민(養民)'과 '덕화교민(德化敎民)'으로서 세종의 정치비전의 출발점인 동시에 또한 귀결점이기도 하다. 세종은 이러한 비전을 실현하기 위해 선량한 관리를 얻어 '함께 백성을 다스리기를 희망한다.' 이것은 세종이 자신이 선택한 신료들을 국정의 동역자 내지 동반자(同伴者)로 인식하고, 그들과 함께 민본정치의 비전을 '공유(共有)하며' 군신공치(君臣共治)의 정치를 하겠다는 것이다.

왕도정치는 원래 정치과정(政治過程)상 군왕과 신료와의 관계를 상보적(相補的) 관계로 보고, 언로(言路)를 개방(開放)함을 원칙으로 한다. 즉 군왕은 신료에 대해 단순한 보필자가 아닌 동반자 내지 동역자로 여겨야 하며 신료는 국정의 동반자로서 책임감을 가지게 되므로 군왕에 대한 언론이 활발해지는 것이다.

동반자라 함은 운명을 함께 하겠다는 의미이기도 하다. 이것은 세종이 군왕으로서 신료들을 자신의 경쟁 대상이나 하수인이 아닌, 자신과 상보적 관계에 있는 대상으로 파악하고 국정(國政)을 신료(臣僚)들과 함께 논의(論議)하여 처리하겠다는 의도를 내 보인 것이다. 이러한 세종의 의도와 태도로 인하여 많은 인재들이 조정으로 몰려들게 된다.

인재의 확보에 목말라 하는 이러한 세종의 고민을 해결하는 데에 큰 도움을 준 자들이 바로 박은, 변계량, 황희 등이었다. 박은은 세종에게 집현전 설치를 권했고, 변계량과 황희는 많은 인재들을 세종에게 소개했다. 박은의 상소는 다음과 같았다.

"좌의정 박은이 계하기를 '문신을 선발하여 집현전에 모아 문풍을 진흥시키는 동시에, 문과는 어렵고 무과는 쉬운 때문으로 자제들이 많이 무과로 가니 지금부터는 사서를 통달한 뒤에라야 무과에 응시할 수 있도록 만들어 주옵소서' 하니, 임금이 아름답게 여기고 받아들였다."(세종, 1/02/16)

세종은 신료들과 비전을 공유하기 위해서는 문풍(文風)의 진흥(振興)이 절실했다. 위 상소는 그러한 세종의 의중을 간파한 내용이다. 사실 박은은 이 이전부터 집현전 설치에 대한 교감(交感)이 있었던 것 같다. 태종이 박은을 세자 시절 세종의 스승으로 임명한 적이 있기 때문이다. 이런 저런 연유로 인하여 같은 해 12월, 세종은 집현전 설치를 독촉하며, 유사 10여 인을 선발하여 날마다 모여 강론하게 하라고 지시한다. 그리하여 그 이듬해 3월 드디어 집현전의 인원수를 정하고 관원을 임명한다.

"집현전에 새로 영전사 두 사람을 정 1품으로, 대제학 두 사람을 정 2품으로, 제학 두 사람을 종 2품으로 두되, 이상은 겸직이요, 부제학은 정 3품, 직제학은 종 3품, 직전은 정 4품, 응교는 종 4품, 교리는 정 5품, 부교리는 종 5품, 수찬은 정 6품, 부수찬은 종 6품, 박사는 정 7품, 저작은 정 8품, 정자는 정 9품으로, 이상은 녹관(祿官)으로 하며, 모두 경연관을 겸임하였다. 부제학 이하의 낭청은 10명을 두되, 품에 따라서 임명하고, 차례대로 가리어 전임하며(轉任)하며, 각 품에서 두 사람을 초과하지 아니하였다. 5, 6품은 부검토(副檢討)를 겸임하였다…… 제학과 부제학의 서열은 사간(司諫)의 위로 하였다. 박은, 이원으로 영전사에, 유관, 변계량을 대제학에, 탁신, 이수를 제학에, 신장, 김자를 직제학에, 어변갑, 김상직을 응교에, 설순, 유상지를 교리에, 유효통, 안지를 수찬에, 김돈, 최만리를 박사에 임명하였다…… 관사를 궁중에 두고, 문관 가운데서 재주와 행실이 있고, 나이 젊은 사람을 택하여 이에 채워서, 오로지 경전과 역사의 강론을 일삼고 임금의 자문에 대비하였다."(세종7, 2/3/16)

이와 같이 세종 2년 3월, 10명으로 출발한 집현전은 세종 15년 32인까지 그 인원이 늘어나는 경우도 있었으나, 세종 18년부터는 20인으로 정착된다. 그 동안 정인지, 최항, 신숙주, 이석형, 하위지, 박팽년, 성삼문, 유성원, 이개, 서거정, 김수온, 강희맹 등 쟁쟁한 인물들 100여 명이 이 집현전 학사를 거치며 세종대 이후의 명신(名臣)들로 성장하게 된다.

이들은 '경전과 역사의 강론을 일삼고 임금의 자문에 대비하여' 고금의 서적을 연구하는 자들이었다. 세종임금은 이들 경연관(經筵官)들과 더불어 강론(講論)을 한 후, 현안문제(懸案問題)에 대한 기탄없는 토론을 나눈 후 정책을 가다듬는 공론정치를 선호하게 된다.

예나 지금이나 공론의 기초는 백성의 뜻이지만, 그 백성의 뜻을 모으고 정책(政策)으로 다듬는 주체(主體)는, 왕정체제에서는 군왕과 신료이고, 민주정과 공화정에서는 국민의 대표로 뽑히는 사람들이다. 이들은 공론의 주체로서 특히 동양의 왕정체제에서는 간관(諫官)을 비롯한 신료의 역할이 매우 중요했다. 세종은 그러한 공론의 주체를 가능한 한 거의 전부 등용하여 그들과 함께 비전을 공유함으로써 백성의 신뢰를 얻고 그 바탕위에 백성통합을 기하려 했다. 공론정치가 어떻게 통합의 정치를 가져오는지는 다음과 같은 율곡의 주장에서 명쾌하게 정리되고 있다.

"공론이란 나라의 원기이다. 공론이 조정에 있으면 그 나라가 다스려지고, 공론이 여항(일반 백성들)에 있으면, 그 나라가 어지러워지며, 만약 위아래 모두 공론이 없으면 그 나라가 망한다."(율곡전서, 대백찹찬인걸논사소)

이렇게 중요한 공론정치(公論政治)의 현실태는, 사실은 공론을 좌지우지하는 신망(信望) 있는 인재(人材)들에 달려 있다. 즉 그들이 모두 조정(朝廷)에 기용이 되면, 공론이 조정에 있게 되어 신뢰가 생기고 백성통합이 이루어져 나라가 안정되겠지만, 그렇지 못하면 공론이 그들이 흩어져 있는 여항(閭巷)에 있게 되어 정치 리더에 대한 신뢰가 없어져 백성통합은 깨지고 나라는 어지러워 질 것이다. 물론 공론이 위 어디에도 없으면 나라는 망하고 말 것이다.

이런 의미에서 세종은 천하의 인재를 구하여 조정에 출사(出仕)시킴으로써 공론을 조정에 있게 하여 신민과 함께 비전을 공유하는 효과를 가져와 정치리더로서의 신뢰를 얻었을 뿐만 아니라 당시 조선조 정치사회를 하나로 묶어내는 데 큰 기여를 한 셈이다.

이와 관련하여 특히 이색의 후예인 이개, 성인보의 후손인 성삼문 등, 조선조 개창에 반대했던 절의파(節義派)의 후손들이 세종 대에 이르러 출사했다는 점도 주목해야 할 부분이다. 세종은 그들과도 화해의 손길을 내밀어 백성통합에 거보를 내디던 것이다.

이렇게 거의 전국적으로 인재를 모아 그들과 비전을 공유하며 공론을 주도함으로써 세종과 집현전 학사들의 영향력은 세종 대에 그치지 않는다. 그들은 세조(世祖)의 집권(執權)을 계기로 그 집권에의 협력파(協力派)와 그 집권을 불의(不義)로 여기는 사육신파(死六臣派) 등으로 나뉠 때까지 조선 정치사회의 공론을 주도한다. 그 뿐이 아니었다. 이들 중 사육신이 된 학사들의 의리정신이 조선조 개창시의 비참여파의 의리정신과 오버랩 되면서, 비참여파의 후예(後裔)로 아직 재야(在野)에서 도학(道學)을 연마하던 학자들의 의리정신으로 재창조됨으로써 이후의 조선조 도학의 흐름을 결정짓는 모태가 된다.

이런 점에서 한국의 역대(歷代) 대통령들이 공론의 주체인 엘리트들을 가능한 한 많이 등용하고 그들을 국정의 동반자로 대우해야 하는데도, 그들을 분할통치(分割統治)하여 자신의 권력 확대(權力擴大)에 비중을 두는 국정 운영방식을 취함으로써 그것이 결과적으로 국민들과 함께 정치비전을 공유하는 일에 제약이 된 점은 참 아쉬운 일이다.

이승만은 미국에서 국제정치를 공부한 독립운동가 출신으로서 국제정치에 대한 탁월한 통찰력을 바탕으로 반공적 자유민주주의

정부를 출범시키고 북한 공산주의 침략(侵略)을 막아낸다. 그 와중에서 그는 조봉암을 농림부 장관으로 발탁하여 농지개혁(農地改革)을 성공적으로 실시함으로써 자영농(自營農)과 상공인(商工人)을 육성, 그들의 신뢰를 기대하며 그들을 자신의 권력기반으로 삼아 장기집권에 도전한다. 그 과정에서 그는 그의 집권을 도와 준 지주계층인 한민당 계열과 결별(訣別)하고, 농지개혁에 큰 공을 세운 조봉암을 반공의 이름으로 처단함으로써 집권 기간 내내 야당이 된 한민당계 및 진보계 후신들과 수단과 방법을 가리지 않는 힘겨운 싸움을 벌이며 독재자(獨裁者)라는 오명(汚名)을 쓰게 된다. 이러한 과정에서 반공이 자유민주주의를 압도(壓倒)하여 자유민주주의의 정당성(正當性)이 상처를 입는다. 그리하여 온 국민이 온전한 자유민주주의의 비전을 함께 공유하지 못하게 됨으로써 자유민주주의를 위한 반공이 아니라 반공을 위한 자유민주주의라는, 자유민주주의에 대한 왜곡(歪曲)된 시선(視線)을 만들어낸다.

박정희는 군인출신으로서 역시 탁월한 통찰력으로 '우리도 한 번 잘 살아보세'라는 슬로건과 함께 중화학공업(重化學工業)을 중심으로 한 수많은 수출산업(輸出産業)을 일으켜 폭발적인 일자리를 창출한다. 그 일자리는 이승만이 육성한 자영농의 자녀들, 특히 이승만이 심혈을 기울인 의무교육을 바탕으로 다양한 교육을 통해 배출된 인재들로 채워지면서 그들이 도시의 중산층(中産層)으로 자리 잡게 하는 쾌거(快擧)를 이룩하여 박정희는 그들의 신뢰를 기대할 수 있게 된다. 그러나 박정희 역시 반공(反共)을 국시(國是)로 삼으며 때때로 매카시즘을 동원, 민주화 세력을 탄압하는 등 민주화(民主化)

세력과는 끝내 화해하지 못하고 독재자의 길을 택한다. 물론 언론 집회 출판의 자유가 완전히 보장된 요즈음 야당이나 야당성향의 인사들의 언사(言辭)나 시위(示威)하는 모습을 보면, 통합의 정치를 다소 희생하더라도 국리민복을 위해 박정희가 그렇게 통제할 수밖에 없었던 심정을 이해할 수도 있다. 그럼에도 박정희가 정치일정(政治日程)을 보다 분명히 밝히며 국민들과 자유민주주의 비전을 공유하려 노력했더라면 자유민주주의에 대한 왜곡된 시선이 많이 희석(稀釋)되었을 것이다.

김대중은 민주화 운동에 헌신한 인물이다. 그는 박정희 전두환 등으로부터 많은 탄압을 받으며 죽을 고비를 겪기도 했으나 유신 본당이라 자처하던 김종필과 제휴하여 대통령이 된 후에는 감옥에 가 있던 전두환 노태우를 석방하고 박정희 기념관 건립을 계획하는 등 산업화(産業化) 세력과 화해의 제스처를 취한다. 이것은 그가 소수파(小數派)로서의 한계(限界)를 절감하고 내린 결정이었지만, 그래도 정적(政敵)을 포용하는 모습을 보여줌으로써 자유민주주의에 기초한 국민통합에 크게 기여할 것으로 기대되었다. 그런데 그는 전교조 허용, 인권위 설치, 민주노총 출범, 민주화 인사 보상 등 민주화를 추진하는 과정에서 주사파 종북세력을 민주화 인사로 둔갑시키는 등 무분별한 민주화정책을 추진하여, 그것이 떼법 문화가 횡행하는 등 법질서의 문란을 초래하는 빌미가 된다. 그는 또 햇볕정책이라는 명분으로 친 김정일 정책을 추진, 반공적 자유민주주의 세력을 수구꼴통으로 자리매김 시키는 데는 성공했으나, 그것이 국가의 정통성과 정체성을 흐리게 하여 남남갈등을 불러일으키고 주사파 종북세력을 보존하는 온상이 되어 국민통합을 해치는 등 자유주의에 기초한 민주주의가 크게 훼손되면서 역시 온 국민들이 함께 온전한 자유민주주의에 대한 비전을 공유하지는 못한다.

이명박은 기업인(企業人) 출신으로서 기업의 시대를 대변하듯 압도적 표차(票差)로 대통령에 당선되었으나 그 표차를 자신에 대한 신뢰로 연결 짓지 못한다. 실용정부를 내세운 이명박 정권은 박근혜 세력을 포용하지 못하고 여의도 정치를 멀리하는가 하면 공정과 복지를 둘러싸고 혼선을 빚음으로써 야당을 포함한 반대세력, 특히 강남좌파와 주사파 종북좌파 세력의 입지를 크게 넓혀주고 만다. 특히 이명박 정권은 미국과 유럽의 금융 및 재정위기의 여파를 막는데 급급했는데, 그 와중에서 서민들의 삶이 팍팍해지고 빈부격차가 심해지자 강남좌파와 주사파 종북좌파가 경제민주화 및 보편적 복지를 화두로 정국의 주도권을 쥐게 된다. 이에 표에 목마른 야당이 합세하고 그에 질세라 여당마저 그 화두에 목숨을 걸게 되면서 역시 온 국민이 자유민주주의의 비전을 공유하는데 실패한다. 그래서 지금은 '자유민주주의'에서 아예 '자유'를 없애버려야 한다는 주장까지 일면서 경제민주화가 대세가 되고 있다.

그러나 경제민주화는 자유민주주의의 종적(從的) 개념이 되어야지 경제가 자유를 대체할 수는 없는 법이다. 왜냐하면 자유민주주의는 각 개인이 자유롭게 인간으로서의 존엄성(尊嚴性), 곧 인간의 생명, 재산, 행복 등을 추구할 수 있도록 정치 경제 사회 문화 등의 평등(기회균등)을 보장하는 민주주의이기 때문이다. 특히 재산은 생명과 행복을 추구하기 위한 토대로서, 자유민주주의의 자유는 사실 '돈 버는' 자유라 해도 과언이 아닙니다. 따라서 경제민주화는 기업과 국민들이 돈을 더 잘 벌 수 있도록 특권적 규제를 푸는 등 제도적 장치를 통해 균등한 기회를 제공하는 것이지, 돈 잘 버는 자들을 응징(膺懲)하거나 그들의 손발을 묶는 식의 내용은 절대 아니어야 한다. 이 점을 간과하고 지금 정치인들이 강조하는 식의 경제민주화를 강행하다보면 국가의 역할이 지나치게 늘어날 수밖에 없다. 게다가 자기 주머니를 털어 줄 것도 아니면서 국가 실력 이상의 복지 약속을 남발하고 있어서 그들 약속대로 된다면 머지않아 나라의 곳간이 비고, 국가는 공룡이 되어 파시즘이나 공산주의의 온상이 되면서, 결국 개인의 자유와 창의성이 말살될지도 모를 일이다.

이와 관련, 자유를 뺀 민주주의는 매우 위험하다는 사실을 명심할 필요가 있다. 사실 자유민주주의에서 법은 인간의 자유와 권리를 보호하기 위해 존재하는 것으로 본다. 그리하여, 매우 역설적이지만, 나라의 주인인 국민이 법 아래에 있게 된다. 법은 정의(正義)를 실현하는 것, 곧 인간의 존엄성을 지키기 위한 것으로 여겨져 공권력(公權力)과 법치(法治) 정치가 존중되는 것이다. 그러나 자유를 뺀 기타의 민주주의는 국민이 주인이라는 사실을 내세워 법이 그들의 마음에 안 들면 법도 우습게 아는 경향이 있다. 그들 역시 법을 정의실현의 도구라 주장하지만 그들에게 있어 정의란 자신들의 정치적 목적이기 때문에 사실은 자유민주주의의 법에 대해 시민을 억압(抑壓)하는 도구(道具)정도로 여기며 법을 집행하는 공권력(公權力)과 법치를 존중하지 않는다.

사정이 이러하지만, 한편 생각하면 우리나라에서는 이제야 자유민주주의에 대한 치열한 논쟁(論爭)이 벌어지고 있다고 볼 수도 있다. 이러한 논쟁을 거치며 온 국민이 자유민주주의에 대한 비전을 공유하게 된다면 우리에게는 오히려 전화위복(轉禍爲福)의 기회가 될 수 있을 것이다.

2) 소통(疏通)을 위한 언로개방

천하의 인재를 조정으로 불러들여 그들과 함께 비전을 공유함으로써 공론(公論)을 조정(朝廷)에 머물게 하기 위해서는 신민(臣民)들과의 소통이 중요했다. 이 '소통'은 '존현사능'과 함께 '왕도정치'의 핵심축이었다. 아무리 훌륭한 인재들을 확보해 놓았다 하더라도, 또 그들을 국정의 동반자 내지 협력자로 내세운다 하더라도 그들과 진정한 소통이 되지 않으면 '민본정치의 비전'은 최고 권력자의 권력강화(權力强化)를 위한 '빛 좋은 개살구'에 불과하게 된다. 이를 잘 알고 있던 세종은 소통을 매우 중시하며 언로(言路)의 개방(開放) 및 그 활성화에 공을 들인다. 세종은 의정부(議政府)와 육조(六曹)의 여러 신하들을 모아놓고 다음과 같이 교시(敎示)한다.

"…… 지나간 옛날을 두루 살펴보니 비록 태평한 시대에 있어서도 대신은 오히려 임금의 옷을 붙잡고 강력하게 간언하는 자가 있었으며, 또 그 말한 바가 사람의 마음을 두렵게 하여 움직이게 함이 있었다. 지금으로 말하면 비록 무사하고 평안하였고 하나, 옛날에 미치지 못함은 분명하다. 그런데 아직 과감한 말로 면전에서 쟁간하는 자를 보지 못하였으며, 또 말하는 것이 매우 절실 강직하지 않다. 어째서 지금 사람은 옛사람 같지 못한가? 각자가 힘써 생각하여 나의 다스림을 도우라…… 내가 이미 어질지 못하고 사물의 처리에 어두우니 반드시 하늘의 뜻에 맞지 않는 것이 있을 것이다. 힘써 그 허물을 생각하여 하늘의 꾸짖음에 대답하게 하라."(세종30, 07/12/08)

이 대목은 우리에게 여러 가지 사실을 시사한다. 때는 세종 30년, '지금으로 말하면 비록 무사하고 평안하였고 하나, 옛날에 미치지 못함은 분명하다.'라는 말로 보아 세종의 통치가 상당한 결실을 거두고 있다는 자신감을 내 보이고 있으면서도 당우삼대(唐虞三代)의 이상사회(理想社會)에 대한 비전은 잃지 않고 있다. 세종은 그 비전의 실현을 위해 신료들과의 소통을 꾀하고 있다. 그는 '비록 태평한 시대에 있어서도 대신(大臣, 臺臣)은 오히려 임금의 옷을 붙잡고 강력하게 진언(進言)하는 자가 있었는데…(지금은) 아직 과감한 말로 면전에서 쟁간하는 자를 보지 못했으며, 또 말하는 것이 매우 절실 강직하지 않다'고 신료들을 독려(督勵)한다. 세종은 자신의 생각이 하늘의 뜻에 맞지 않을 경우, 즉 민본정치의 비전에서 벗어날 경우, 신료들이 자신의 면전(面前)에서 기탄없이 쟁간(爭諫)하고, 절실(切實)하고 강직(剛直)한 말로 자신의 허물을 고칠 수 있도록 해 달라고 주문하고 있다.

실제로 세종 대 대신인 허조는 임금의 주장에 반대하여 스스로 역린(逆鱗, 임금의 분노)을 자초한 경우도 많았다고 고백하면서 세종에 대해 "간하면 행하시고, 말하면 들어주셨다."고,[29] 총평하고 있다. 세종은 하늘의 뜻을 따르겠다는 단호한 심정으로 신료들과의 대면하는 자리를 될 수록 많이 가지려고 했고, 나아가 활발한 토론을 유도하기도 했다. 세종의 이러한 노력은 '민본정치의 비전'을 단순한 정치적 명분이 아닌 실천이 가능한 명제로 파악하고 신료들을 자신의 정치 동반자로 인식한 데서 비롯되지만, 결과적으로 비전을 공유함으로써 신민의 신뢰를 얻는 결정적 요소가 되었다.

세종은 친화력(親和力)이 뛰어났다. 그는 부왕 태종에게 절대 복종함으로써 왕실의 안전을 도모했고, 형제간의 우애(友愛)도 좋았다. 독서량(讀書量)이 많고 영민(英敏)해서 회의 및 연회석상에서 분위기 메이커이기도 했다. 그는 한 번 만난 신료들의 이름은 물론 그들의 가족사까지도 기억해 줄 정도로 총명(聰明)하고 친밀(親密)했다. 이러한 품성을 바탕으로 세종은 소통을 위한 언로개방(言路開放)에 전향적(轉向的)으로 임했고, 그래서 신료들의 신임을 얻어 신민을 통합하는 통합력을 발휘할 수 있었던 것이다.

세종의 언로 개방은 경연을 활성화 한다거나 혹은 정책결정 과정에 신민들을 적극 참여시키는 방향으로 전개된다. 특히 경연(經筵)과 관련해서는, 태조에서 태종에 이르기까지 도합 150여 회에도 미치지 못하던 경연이 세종 대에 이르러 무려 약 1900여 회에 육박한

---

29) 박현모, '세종실록 밖으로 행차하다. 112쪽

다. 이는 후대의 성종이나 영조의 경우에는 미치지 못하지만, 그래도 한반도의 역사상 그렇게 많은 경연을 연 전례가 없는 상황에서 추진한 일인지라 참 획기적인 조처였다.

경연은 군왕과 신료가 한 자리에 모여 경사를 강론하고, 그 뒤풀이로 여러 가지 국정 현안에 대해 자문(諮問)을 구하고 정책을 협의하던 일종의 세미나 행사였다. 경연은 중국 한나라에서 시작되었고 한반도에는 고려조 예종 때 도입되었다가 무신란(武臣亂) 이후 폐지되었던 것인데(몽고 지배 하에서 서연으로 격하 부활, 명맥 유지) 조선조에서 다시 부활하여 세종 대에 크게 활성화된 제도이다. 이 경연은 군왕의 정책결정에 실질적인 도움을 준다는 사실 외에도 군왕이 독선적이고 독단적인 결정을 배제하고 신민과 끊임없이 소통하는 모습을 보여 줌으로써 얻는 정치적 효과도 만만치 않았다. 세종은 이 경연을 명실상부한 신료와의 소통(疏通)의 장(場)으로 활용함으로써 신민에게 기대와 희망을 심어주어 신민을 하나로 통합하는 기제로 삼는다.

세종은 경연에서뿐만 아니라 기타 어전회의(御前會議)에서도 독단적이고 독선적인 태도를 적극 배제한다. 예컨대 세종은 대체로 현안이 발생하면 대신(大臣)들을 소집하여 의견을 청취하고 충분한 토론을 거친 후, 그 의견 중 하나를 선택하여 정책으로 다듬어 내는 방식을 선호했다. 세종은 회의석상에서 가능한 한 훈계(訓戒)나 지시(指示)를 피하고, 발언권(發言權)을 독점하지 않았을 뿐만 아니라 될 수 있는 한 많은 신료들의 의견을 청취했다.

물론 세종이 모든 문제를 다 신료들의 의견을 따른 것은 아니었다. 예컨대 궁궐에 내불당(內佛堂)을 짓는 일, 수륙제(水陸祭)를 허용하는 문제, 그리고 강무의 실시 등의 경우에는 신료들의 반대를 무릅쓰고 자신의 의지를 관철하였고, 훈민정음 창제의 경우에는 거의 비밀로 일을 진행하다시피 하여 반포 시 많은 논쟁을 불러일으키기도 했다. 그렇지만 그것들이 세종의 신료와의 소통의 양이나 질을 크게 훼손하는 것은 아니다. 세종은 원칙적으로 신료들을 동반자로 취급하였고, 언로를 비교적 활짝 열어놓았기 때문이다.

세종의 언로개방은 신료들에게는 물론 백성들에게도 다를 바가 없었다.

세종은 낮 경연이 끝나면 지방에서 올라온 수령(守令)들을 붙잡고 백성들의 형편을 물어보기 일쑤였다. 하지만 대부분의 수령들은 세종에게 그저 좋은 얘기만 말할 뿐이었다. 이에 대해 세종은 다음과 같이 교시한다.

"신하 중에는 상서(祥瑞)를 말하기 좋아하는 자도 있고, 재변(災變)을 말하기 좋아하는 자도 있다. 하지만 오로지 상서만 말하고 재변을 말하지 아니하면 어찌 가하겠는가? 상서를 만나면 상서를 말하고, 재변을 만나면 근심과 두려움을 말하는 것이 옳다."(세종, 17/7/25)

치우치지 않는 정보를 가지고 가장 현명한 판단을 내리는 것이 세종 임금의 의도였다. 그래서 백성들의 삶을 직접 돌아보고 그들의 말을 들어보는 것이 중요했으므로 일선의 수령들에게 백성들의 형편을 물었던 것이다.

이와 관련하여 주목을 끄는 것 중 하나가 바로 공법(貢法) 개정에 대한 여론조사이다. 지금으로부터 580여 년 전에 그것도 합리적 과세를 위한 여론조사가 있었다니 역시 보통의 군주들과 차별화되는 세종의 면모를 보여주는 대목임에 틀림없다. 왕조시대에 민생을 위해 전국을 대상으로 여론조사를 한 사실은 역사상 전무후무한 일이 아닐까 싶다. 이 공법논의는 14년 후에야 '전분연분법(田分年分法)'으로 결말이 났지만, 오늘날과 같은 통신시설이 전혀 없던 그 시절에 170,000 여명 이상을 대상으로 여론조사를 했으니 백성들과 소통하려는 세종의 노력이 돋보이는 장면이 아닐 수 없다.

세종의 언로개방은 집단적 정책결정을 선호한 데서도 찾아볼 수 있다.

세종은 여러 가지 현안문제에 대해 신중에 신중을 기하면서, 아주 특별한 경우를 제외하고는, 신료들과의 난상토론(爛商討論)을 마다하지 않았다. 이것은 일종의 집단적 의사결정의 전형으로서 토론 과정에 있어 시간이 걸리거나, 그래서 마침내는 유야무야 없었던 일로 되는 등 문제가 없는 것은 아니지만, 그래도 집단 구성원들과 비전을 공유하며 그들의 자발적 협력을 이끌어내어 그들을 하나로 통합시키고 어떤 일을 탄력적으로 추진하는 데에는 더없이 바람직한 방법이다.

이 방식은 일반적으로 민주적 문화의 산물이지만, 사람들이 자신이 속한 사회나 조직의 의사결정에 참여하고 싶은 마음은 예나 지금이나 별 차이가 없다는 점을 감안한다면, 그 방식은 왕조시대에도 충분히 통할 수 있다고 본다. 세종은 이러한 점에 착안하였음에 틀림없다. 세종은 국정 현안을 논의하는 자리에 가능한 한 많은 신민들을 참여시켰다. 다음의 몇 가지 사례는 세종이 집단적 의사결정을 내린 전형적인 모습들이다.

- 세법 개정

예나 지금이나 세금 걷는 일은 민생과 직결된다. 생산력을 높여 백성의 소득을 높이고 생활의 질을 향상시키는 것도 중요하지만, 공정하고 합리적인 과세 또한 그에 못지않게 중요하다. 그래서 세종은 "양민의 정사란 백성으로부터 취함에 있어 법도가 있는 것"이라 하여 조세법률주의(租稅法律主義)에 준하는 원칙을 끝내 관철시킨 것이다.

세종은 재위 9년 3월, 인정전에 나아가서 다음과 같은 문과(文科) 책문(策問)의 제(題)를 낸 적이 있었다.

"…… 다스림을 이루는 요체는 백성을 사랑하는 것보다 앞서는 것이 없다. 백성을 사랑하는 시초란 오직 백성에게 취하는 제도 안에 있다. 지금에 와서 백성에게 취하는 것은 전제와 공부만큼 중한 것이 없는데, 전제는 해마다 조정에서 조사관을 뽑아서 여러 도에 나누어 보내 손실을 실지로 조사하여 적중을 얻고자 했다. 그런데 간혹 조사관으로 간 사란이 나의 뜻을 따르지 않고 백성의 고통을 구휼하지 아니하며, 나는 이를 매우 못마땅하게 여겼다…… 공법을 사용하면서 이른바 좋지 못한 점을 고치려 한다면 그 방법은 어떠해야 하는가. 모두 진술하여 숨김이 없게 하라. 내가 장차 채택하여

시행하겠노라."(세종 09/03/16)

이 대목에서 보듯이 세종은 일찍이 '답험손실법'의 폐단을 인식하고 세법을 '공법'으로 바꿀 계획을 가지고 있었다. 이러한 세종의 의도는 자연스럽게 신료들 사이의 공법논의로 이어졌고, 마침내 세종 12년 3월 호조와 세종 사이에 다음과 같은 대화가 오간다.(세종47, 12/03/05)

호조 : 매양 벼농사를 답험할 때를 당하면 혹은 조관을 보내기도 하고, 혹은 감사에게 위임하기도 하며, 많은 전답을 기한 안에 모두 조사하여 끝마치고자 하므로, 향곡에 늘 거주하는 품관으로 위관을 삼았는데.....문서가 호번하여 관리들이 이루다 살필 수가 없는 틈을 타서 간활한 아전들이 꾀를 부려서 뒤바꾸어 시행하게 되오매, 비단 경중이 적중하지 못할 뿐만 아니라, 그 지대하는 비용과 분주히 내왕하는 수고 등 폐단이 적지 않사오니, 청컨대 이제부터는 공법에 의거하여 전답 1결마다 조(租) 10말을 거두게 하되.....예전부터 내려오는 폐단을 덜게 하고 백성의 생계를 넉넉히 할 것이며....농사를 완전히 그르친 사람에게는 조세를 전부 면제하게 하소서.

세종 : 정부 육조와 각 관사와 서울 안의 전함(前銜) 각 품관과 각 도의 감사 수령 및 품관으로부터 여염(閭閻)의 세민(細民)에 이르기까지 모두가부를 물어서 아뢰게 하라.

호조에서는 그 동안 논의를 바탕으로 답험손실법의 폐단을 아뢰며 공법으로 대체할 것을 건의하고 있고, 그 건의를 받아들여 세종은 정부육조는 물론 서울과 지방의 모든 관료 및 일반 백성의 의견까지 묻도록 지시하고 있다. 이것이 앞에서 언급한 바 있는 세종 대 여론조사의 시발이었고, 이후 14년여에 걸친 공법시행을 둘러싸고 벌어진 '집단적 의사결정'의 시작이었다. 이 여론조사의 결과는 세종 12년 8월, 공법시행에 대한 찬성이 우세한 것으로 집계가 되었으나, 세종은 선뜻 시행하지 못한다.

"우리 국가의 손실을 답험하는 일은 관계가 지극히 중대한데, 근래에 답험이 알맞음을 잃어, 많이 받으면 걸왕처럼 되고, 적게 받으면 오랑캐처럼 되니, 내가 심히 염려된다. 조신들은 각각 그 소견을 고집해서, 의논이 부산하여 따를 바를 알지 못하니, 어떻게 이를 처리하겠는가? 옛날에 공법이 좋은데 시행하고자 해도 하지 못했던 것이다…… 내가 세무에 통달하지 못하니 조종의 법을 경솔히 고칠 수 없는 까닭으로, 공법을 지금까지 시행하지 못했으나, 지금 그 폐단이 이와 같으니, 1,2년 동안 이를 시험하는 것이 어떻겠는가?"
(세종71/18/02/23)

여론조사를 마치고도 세종이 위와 같이 지적할 당시까지, 6년씩이나 공법의 시행이 지체된 것은 '조신들이 각각 그 소견을 고집해서 의논이 부산하여 따를 바를 알지 못한' 때문이었다. 게다가 세종 자신도 '조종의 법을 경솔히 고칠 수 없는 까닭'에서 주저하고 있었다. 그래서 신중을 기하느라 일단 1,2년 시험해보라 지시한 것이다.

그러나 이 공법의 시험시행도 흉년 등으로 여의치 않았던지 세종20년 7월, 이 공법시행을 두고 다음과 같이 다시 격론이 벌어진다.(세종82/20/7/10)

세종 : 공법은…… 이제 법제를 이미 제정하여 인민들도 익히 알고 있는 터인지라, 경솔히 버릴 수도 없거니와, 만약 고식적으로 여러 해 미루어 가게 되면, 그 일의 어렵고 쉬운 사정도 다시 거리가 멀게 될 것이다. 나는 경상·전라 양도의 인민들 가운데 공법의 시행을 희망하는 자가 3분의 2가 되면 우선 이를 양도에 시행하려니와, 3분의 2에 미달한다면 기어이 강행할 필요는 없다고 본다. 만약 이 법을 시행하여 어떤 폐단이 생기게 되면 즉시 이를 개정하곤 하면, 거의 그 폐단도 없게 될 것이다. 그러나 내 마음은 반드시 이 법을 시행하려는 것도 아니니, 경들은 이 법의 이해를 잘 알아서 속히 의논하여 아뢰도록 하라.

황희(영의정), 이맹균(우찬성) : 경상·전라 양도의 인민들은 토지가 비옥하고도 풍요하여 공법을 편리하게 여기는 자가 많으나, 강원. 황해의 인민들은 작년에 공법을 시행한다는 영을 듣고 이를 불편하게 여기는 자가 많았던 까닭에, 드디어 정침하고 시행하지 않았던 것입니다. 만일 이를 시험하시려면 먼저 강원. 황해 양도에 시행하셔서, 인민들이 즐겨 따르면 하삼도에서 시행하여도 무엇이 어려울 게 있겠습니까? 다시 지방 인민에게 물어볼 필요가 없는 것입니다.

허조(우의정) : 공법은 경상·전라도의 백성은 비록 행하는 것을 희망하오나, 타도의 백성들은 원하지 않는 자가 많으므로 결단코 행할 수가 없는 것입니다. 전대로 손실법을 써서 힘써 중정을 얻도록 하게 하옵소서.

신개(좌찬성), 조계생(좌참찬), 황보인(병조판서): 임금의 말씀대로 하는 것이 좋습니다.

최사강(우찬성) : 타도의 백성들이 공법의 시행을 원하지 않는다면 이를 양도에만 강행할 수는 없사옵니다. 만일 공법을 양도에 쓰게 되면 타도에도 손실법을 쓸 수는 없을 것입니다. 의당 각도로 하여금 그 편리 여부를 물어서 일체로 이를 시험하여야 할 것입니다.

정연(형조판서) : 대개 부자는 좋은 전지를 많이 차지하고 있고 빈민들은 경작하고 있는 것이 거의 다 척박하기 때문에, 공법을 부자는 좋아하지만 빈민들은 싫어하는 것이온데, 이제 경상·전라 양도에서는 공법의 시행을 원하는 자가 3분의 2가 된다고 하오나, 그 수효는 반드시 적을 것이니 어찌 공법의 시행으로 인하여 부익부의 많은 것과 같겠습니까? 신은 절대로 답험하는 것이 편리하지 않을까 그윽이 의문시하는 바입니다.

심도원(호판) : 공법이라는 것은 천하 고금이 다 시행해온 것입니다. 어찌 그 법이 인민에게 편리하지 않고서야 오랜 세월을 경과하면서도 폐기하지 않기를 이같이 할 이치가 있겠습니까?…… 이는 새 법이 아니고 특히 고제를 되찾으려는 것뿐이오니, 하필 다시 다수를 따를 것이 무어 있습니까? 우선양도에 이를 행하여 시험하는 것이 어떠하옵니까?

이와 같이 찬.반이 팽팽한 가운데, 신인손(병참), 안순(겸판호조사), 권제(예판), 안숭선(예참), 우승범(호참) 등은 공법의 시행을 일단 보류할 것을 건의한다. 이에 세종도 어쩔 수 없었던지 다음과 같이 하교한다.

"그 행할 수 없다고 이르는 자는 다시 더 말할 것이 없거니와, 시행할 만하다고 이르는 자도 혹은 지방 인민에게 물은 연후에 행해야 한다고 하고, 혹은 물어볼 필요가 없다고 하여 논의가 일치되지 않으니, 모름지기 다시 귀일을 본 연후에 결정할 것이다. 명일 다시 의논하도록 하라."(세종82/20/07/10)

이 하교대로 다음날 대신들이 다시 모여 공법의 시행을 논의한 후, 안순, 신개, 조계생, 하연, 심도원, 황보인, 유계문 등이 "공법에 대한 편의 여부는 이미 현지 인민에게 물은 바 있사오니, 우선 경상·전라 양도에 그 편의 여부를 시험하게 하소서." 하였고, 우승범, 안숭선 등은 "대사를 도모하는 자는 여러 사람과 더불어 모의하지 않는다 하옵니다. 우선 앞서 정한 법을 전라·경상 양도에 시험하게 하소서." 하여, 공법의 시행이 확정되고 우선 경상·전라 양도에 시행키로 하였다.

　공법논의가 본격적으로 전개된 후 8년 만에, 그것도 겨우 경상·전라 양도에 시험 삼아 실시키로 합의를 본 것이다. 징세와 같은 중요 사항을 결정하면서 너무 더딘 것 같지만, 백성과 함께 하려는 세종의 심모원려가 돋보이는 장면이 아닐 수 없다. 그러나 이러한 시험 실시도 흉년 등으로 제대로 시행되지 못하였던 듯, 그로부터 2년 후인 세종 22년 5월에야 경상·전라 양도에 정식으로 실시토록 다시 법령이 선포된다.

　이렇게 실시된 공법은 다음해(세종 23년) 7월 충청도로 확대실시되었고, 그로부터 2년 후(세종25년) '연분 9등, 전분 6등'의 구체적 절목이 정해진 다음, 세종 26년 7월 전면 실시되기에 이른다. 공법에 관한 구체적 논의가 일고, 여론조사가 실시된 지 무려 14년 만이었다. 신중에 신중을 기하며 집단적 의사결정을 내리는 세종의 리더십의 한 면모이다.

- 경원부 이전

　세종 8년 1월, 함길도 감사 정초가 경원부의 치소를 용성으로 옮기자는 건의를 하면서 경성과 경원 지역의 국가 방위의 어려움에 대해 대신들과 논의하게 되는데, 그때 시작된 논의가 8년이 지난 후에야 결실을 맺는 장면을 볼 수 있다. 이 문제에 대해서도 세종은 신중에 신중을 거듭하느라 많은 시간을 지체하지만, 그러면서도 그 문제를 잊지 않고 꾸준히 관심을 가지면서 될 수 있는 한 많은 신료들을 참여시키며 최선의 결과를 얻으려 애쓰는 장면이 연출된다.
맨 처음 경원부 치소 이전 문제를 제기한 정초의 주장은 다음과 같다.

"지금 경성군 부거참에 목책을 설치하고, 다시 경원부에 임시 치소를 세워서 안변 이북의 군인을 교대로 고랑기의 목책과 용성의 목책에 주둔시키고 있습니다. 안변에서 경원까지는 15, 6일이 걸리는 거리이온즉, 군인이 왕래하는 동안에 사람도 피로하고 말도 지쳐서 국가의 영구한 계책이 되지 못하오며…… 적의 침략해 들어오는 경로가 일정하지 아니하오니…… 용성 같은 곳은 쌓은 성이 높고 커서 거대한 병참이 되어 있사온즉, 경원부의 치소를 용성에 옮기고 경성의 오을촌과 주을온 등지를 경원에 소속시키며…… 곧 국경의 경비도 튼튼하며 사람과 말이 지치지 아니하여 영원한 안전책이 될 것입니다."(세종31/08/01/24)

이 건의에 대해 세종은 "호조에 회부하여 정부의 여러 조에서 상의하여 보고하라."고 지시하는데, 영의정 이직, 영돈녕 유정현, 좌의정 이원, 우의정 조연, 병판 조말생 등이 정초의 건의를 토대로 경원부의 소속지역을 변경하고, 군사의 배치를 재조정할 것을 아뢴다. 치소의 이전에 대해서는 언급이 없지만, 이전하자는 것이 대세가 된 듯하다.

이에 세종은 일단 건의한 대로 실시토록 지시하는데, 이듬해 9월, 전 좌군 동지총제 정초가 치소 이전을 반대하는 주장을 편다.

"…… 신이 가만히 생각하건대, 의논을 올리는 사람들은 반드시 말하기를, '지금의 경원은 동쪽으로는 큰 바다를 끼고 서북쪽으로는 적수(賊藪)와 가까이 위치해 있으므로 읍(邑)을 만들 수 없으니, 물러나서 용성이 배치하는 것이 좋겠으며, 용성에 웅거하여 수비하고 방어한다면 편리했으면 했지 조금도 걱정될 일은 없을 것이다.'고 하였습니다. 신은 그렇지 않다고 생각합니다. 예로부터 왕자가 천명을 받게 되면 토지와 인민은 안으로 선군에게 받아서 그 강계를 엄하게 수비하고 우리의 적자를 보전하고 그치지 않으면 날로 나라를 백리나 개척ㅎ게 되니, 신은 조종의 전한 땅을 다른 나라의 소유로 맡겨서 더욱 그들이 몹시 탐내고 엿보는 마음을 내게 한다는 것은 듣지 못했습니다. 다만 이익이 없을 뿐만 아니라 또한 이를 해치게 되니, 이것이 신의 그렇지 않다는 것의 첫째입니다."(세종 37/09/09/29)

이어서 그는 고려의 상신 윤관이 개척하여 오늘에 이르는 동안 두 번이나 옛 땅을 줄여서 지금의 경원부를 만드는 것도 오히려 부끄러운 일이 되는데, 또 다시 그 땅을 줄여 용성에 배치하면 야인에게 웃음거리가 될 뿐이라 하는가 하면, 만약 용성을 경계로 삼는다면 지금의 경원이 이미 적수가 될 것이므로, 입술이 없으면 이가 시리게 될 것이라 하며 경계해야 한다고 주장하며 치소 이전을 강력히 반대한다.

이렇게 하여 경원부 치소 이전 문제는 다시 원점으로 돌아가는데, 그 이듬해(세종 10년, 10월) 에 공조참판 이천이 "경원부는 전대로 두는 것이 편리할 것입니다."라며 역시 반론을 편다. 이에 세종은 병조에 명하여 정부. 제조와 일찍이 그 도의 직임을 지낸 자, 그리고 2품 이상의 관원과 함께 논의케 하였다. 그리하여 최윤덕, 맹사성, 황희 등이 "경원부는 전대로 두는 것이 좋겠다."고 하며, 군사 재배치와 취약 지구에 대한 보수공사를 하도록 건의한다. 처음 경원부 치소 이전 문제를 제기했던 정초도 동의한다.

그러나 세종 자신의 결심이 서지 않았던 듯, 영의정 황희를 불러 "경원성을 옮겨 쌓는 문제는 조정에서 논의한지 이미 오래건만 아직 결단을 내리지 못하고 있다.…… 내가 눈으로 볼 수 없으니 멀리서 헤아리기 어렵다. 경을 모내어 살펴서 가부를 정한 뒤에 결단을 내리고자 한다." 고 하명한다. 이에 황희는 안순을 대동하고 가서 형편을 살핀 후에 다음과 같이 고한다.

"마땅히 경원의 성을 용성에 옮겨다가 석성을 쌓고, 경성의 보도현 이북을 떼 내어 여기에 덧붙이게 하며…… 경원의 신설한 곳에는 임시로 벽성을 쌓은 뒤에 무략이 있는 자를 선택하여 경작할 만한 땅에 군사를 거느리고 주둔하게 하고, 당번인 유방군으로 하여금 알맞게 둔전을 경작하여 군수를 보충하게 하는 것이 좋겠습니다."(세종56/14/4/12)

이 보고에 대해 신료들은 찬, 반 양론으로 나뉘는데, 이징옥, 우승범, 권진, 맹사성 등은 황희의 보고대로 군진을 옮기자고 하고, 조계생, 성엄, 허조 등은 "이제 이미 백성을 옮겨다가 변방을 충실하게 하였으니 후퇴하여 움츠리는 것은 옳지 않습니다. 마땅히 예전대로 방어하셔서 조종의 옛 영토를 지켜야 합니다."라고 아뢴다.

이렇게 갑론을박하던 경원부 이전 문제는 그 이듬해인 세종 15년 11월 세종이 최종 결론을 내린다.

"…… 태조께서 처음으로 공주에 경원부를 설치하셨고, 태종께서 경원부의 치소를 소다로에 옮겼다. 다 왕업의 기초를 시작한 땅을 중하게 여겼기 때문일 것이다…… 이제 저 소다로와 공주가 거칠은 풀밭이 되었으며, 오랑캐의 기마가 밟아 유린하면서 제멋대로 놀며 사냥하는 마당이 되었다. 내가 매양 이 일을 생각할 때마다 가슴이 아프다. 또 알목하는 곧 두만강의 남쪽, 우리의 국경 안에 있다. 토지가 비옥하여 경농과 목축에 적당하며, 바로 요충지에 위지하였으니, 거진을 설치하여 나라의 북쪽문을 웅장하기에 합당하다. 태조 때에 맹가첩목아가 순종하여 와서 우리나라의 번리가 되기를 청하였다. 태조께서 사방에 있는 오랑캐를 지키려는 생각에서 우선 허락하셨더니, 이 자가 스스로 멸망하게 되어 번리가 일공(一空)하여 졌다. 일의 기회가 왔으니 절호의 시기를 잃어버릴 수는 없다. 내가 선인들의 뜻을 이루어서, 다시 경원부를 소다로에 되돌려 옮기고, 영북진을 알목하에 옮긴 뒤에, 이주할 백성들을 모아서 충실하게 만들고자 한다. 그리하여 삼가 조종으로부터 물려받은 천험의 국토를 지키고, 변방 백성들의 교대로 수고하는 노고를 조금이나마 덜어주고자 할 뿐이니, 큰일을 좋아하고 공 세우기를 즐겨하여 국경을 열어 넓히려는 것과는 다르다. 너희 병조에서는 마땅히 이 뜻을

본받아, 반드시 행해야 할 조항이 있으면 계속 의논하여 알리라."(세종62/15/11/21)

공격이 최선의 방어라 하지 않았던가? 세종은 바른 결정을 내린 것이다. 문제가 제기된 지 무려 8년 만에, 수많은 신료들과의 집단적 토의를 거친 후에 최종 결정을 내린 것이다. 그러면서도 세종은 그 일이 결코 공명심이나 영토욕심에서 나온 것이 아님을 분명히 한다. 세종은 오직 위민을 넘어선 애민의 입장에서 백성들의 안전을 도모하고 백성들의 수고를 덜어주기 위해 경원부의 치소를 원래의 위치로 확정하고 필요한 조치를 취하라 하교한 것이다. 왕도정치 이념을 신봉하는 세종은 대외적 관계에 있어서도 그 이념에서 한 치의 어긋남이 없이 실천하고 있는 것이다.

이와 같이 세종은 나라와 백성을 위하는 일이라면 절대 적당히 회피하지 않고 지속적으로 관심을 가지면서, 관계인들을 가능한 한 많이 참여시켜 합의를 이끌어 내는 방식을 선호했다. 이러한 통합력은 귀감이 되기에 충분하다. 오늘날과 같은 스피드 시대에 세종처럼 일을 처리하는 것이 무척 더디어 보일 수도 있지만, 그런 식으로 처리해도 지금은 컴퓨터 시대요 인공위성 시대요 스마트폰 시대이기 때문에 그렇게 더디지만은 않을 것이다.

세종은 정치적 구호로 일을 마무리하는 법이 없었다. 오늘날 그럴듯한 명분으로 표만 긁어모으려는 위선적인 지도자들과는 차원이 다른 지도자다.

그러나 뭐니 뭐니 해도 세종의 '소통'을 위한 언로개방'의 백미(白

眉)는 역시 훈민정음의 창제라 아니할 수 없다. 왕도정치의 양대(兩大) 축(軸)의 하나가 바로 의사소통(意思疏通)인데(다른 하나는 군왕과 신료간의 관계 설정, 尊賢使能), 막상 백성은 자신의 의사표시를 제대로 할 수 없는 입장이었다. 의사표시를 못하는 이유는 권력이 무서워서 못하는 경우도 있었겠지만, 가장 큰 원인은 역시 백성들이 글자를 모르기 때문이었다. 실제로 세종은 훈민정음 어제(御製)에서 이러한 백성의 사정을 대변하고 있다.

"나랏말이 중국과 달라 한자(漢字)와 서로 통하지 아니하므로, 우매한 백성들이 말하고 싶은 것이 있어도 마침내 제 뜻을 잘 표현하지 못하는 사람이 많다. 내 이를 딱하게 여기어 새로 28자(字)를 만들었으니, 사람들로 하여금 쉬 익히어 날마다 쓰는데 편하게 할 뿐이다……."(세종 113/28/9/29)

세종은 백성이 한문을 몰라 '말하고 싶은 것이 있어도 마침내 제 뜻을 잘 표현하지 못하는 사람들이 많은 것을 딱하게 여기어' 한글을 창제하게 되었다고 고백한다. 세종은 특히 '…… 할 뿐이다'라는 말로 글을 모르는 백성들의 딱한 사정을 안타깝게 여겨 훈민정음을 만들었을 뿐 다른 정치적 목적은 없음을 분명히 밝히고 있다.

이렇게 만들어진 훈민정음은 '동국정운(東國正韻)'의 배포와 함께 그 위력을 발휘한다. '동국정운'을 편찬한 신숙주에 의하면, "글의 뜻을 알기 위한 요령은 마땅히 성운(聲韻)부터 알아야 하며, 성운은 곧 도를 배우는 시작이다." 그런데 국가에서 표준음을 정하고 훈민정음에 따라 발음하도록 한 상황에서 어느 유생이 정음을 계속 외면 할 수 있겠는가? 혹자는 정음이 전면 시행되지 않은 것 때문에 훈민정음을 실패한 사업으로 보기도 하지만, 그것은 정음의 언어생활의 기초로서 발휘한 영향력과 유학자들에 미친 영향을 간과(看過)한 데서 나온 것이다. 한문 자체를 떠받들던 유생들도 이제 한문은 지식획득을 위한 도구에 불과하다는 것을 깨닫게 되었고, 아악이 중요한 만큼 향악도 필요하며, 중국의 역법이 있듯이 조선에 맞는 역법과 시계가 있어야 한다는 생각을 사람들이 비로소 이해하기 시작했다.[30] 이와 함께 훈민정음은 언문으로서 부녀자를 비롯한 일반 백성들에게 널리 퍼지기 시작한다.

---

30) 위의 책, 162-164쪽. 참조

02 개혁과 통합의 조화

'인사가 만사'라는 말은 예나 지금이나 진리이다. 인사는 정치리더가 국민(백성)의 신뢰를 얻는 초석이다. 인사(人事)는 공론(公論)을 일으킨다. 인사가 잘 되어 인재가 적재적소에 배치되면, 공론이 좋아져 리더에 대한 백성의 신뢰가 두터워지고 그렇지 못하면 공론이 나빠져 신뢰를 잃는다.

천하의 인재를 조정으로 불러들인 세종은 백성을 위한 공론정치(公論政治)를 기대하면서 정치사회적 개혁에 착수한다. 일반적으로 시의 적절한 개혁(改革)은 통합(統合)을 촉진한다. 그러나 개혁과 통합이 엇박자를 내는 일도 흔하다. 즉 개혁을 추진하면서 신뢰를 얻지 못하면 통합이 깨질 수가 있는 법이다.

개혁이나 통합의 양상(樣相)이 왕정시대와 민주공화정시대가 같을 수는 없지만, 그 본질(本質)에 있어서는 다르지 않다. 민주공화정은 주권(主權)이 국민에게 있고, 실제 공무(公務)를 담당하는 자들은 국민의 대표이면서 동시에 국민의 심부름꾼으로서의 성격을 갖는다.

그리고 그 대표라는 것은, 표면적으로는 국민의 대표라는 이름을 갖지만, 실제적으로는 어떤 특정 계층이나 특정 지역에 속한 인간집단들을 대표하는 경우가 많다. 그래서 개혁이란 이름으로 공무담당자가 교체되거나 특정 정책이 입안될 때, 그 내용이 국민의 신뢰를 얻지 못하면 국민들 간에 심각한 분열(分裂)이 올 수 있는 것이다. 이러한 현상은 왕정 시대의 경우에 있어서도 크게 다르지 않다. 왕정시대에도 인사(人事)와 정치사회적 정책(政策)을 둘러 싼 기득권층과 신진세력 사이의 갈등은 여전히 존재하기 때문이다. 그래서 개혁은 항상 통합을 염두에 두고 국민의 신뢰에 초점을 맞추어야 하는 것이다.[31]

이를 좀 더 부연하면, 왕정시대의 경우에는 주권이 군왕에게 있으므로 군왕을 제외한 모든 국민(백성)은 군왕의 신민(臣民)에 불과하다. 그러나 조선조 정치이념인 왕도적 민본정치론에 의하면, 군왕은 백성을 위한(위민)정치를 해야 하며, 그래서 하늘의 뜻을 살펴 정무를 보게 되어 있고(천명론, 天命論,) 그 하늘의 뜻의 구체적인 모습은 백성들의 뜻에서 구하게 되어 있으므로(민심천심론, 民心天心論) 군왕의 최고정치지도자로서의 성격은 민주공화정의 최고 정치지도자의 그것과 다를 바 없는 것이다. 그런데 왕정(王政)에서 백성들의 뜻은 군왕 스스로도 살펴야 하는 것이지만, 혼자 모두 살필 수 없으므로 군왕을 보필하는 신료가 필요하고, 그 신료들을 통해서 백성들의 뜻을 알 수 있게 된다. 여기서 백성들의 뜻을 반영한다는 신료들의

---

31) 이하, 개혁과 통합, 정영현, 앞의 책, 36-39쪽 참조.

의견들이 엇갈릴 수 있는 것이다.

당시 신료들이 얼마나 현장(現場)을 누비면서 의견을 수집할 수 있었겠는가? 또 설사 수집했다 하더라도 그들이 현장의 목소리를 충실히 반영한다는 보장도 없었다. 그래서 그들의 견해는 존재하는 백성들의 뜻이라기보다는 존재해야 하는 백성들의 뜻을 반영하는 경우가 많았고, 그것은 또 당연히 의견대립과 갈등을 가져올 소지가 된다. 그래서 왕정에서도 개혁은 간단없이 이루어져야 하지만 언제나 백성의 신뢰를 염두에 두어야 하는 것이다.

이와 같이 민주공화정과 왕정은 비록 주권(主權)의 소재(所在)가 다르고 통치제도나 형태가 다를지라도, 정치가 결국은 국민(백성)의 뜻을 반영한다는 명분을 갖는 본질에 있어서는 차이가 없는 것이다. 뿐만 아니라 국민의 뜻을 제대로 반영하기 위해 개혁이 필요하고, 그 개혁을 둘러싼 갈등은 통합을 깨뜨릴 수 있다는 점에 있어서도 다를 바가 없는 것이다.

이런 점을 감안할 때 세종의 개혁과 통합책은 아주 세련된 면면을 보여주고 있다. 우선 개혁과 관련하여 가장 문제가 되는 것이 바로 인사정책인데 세종은 이를 현명하게 잘 풀어갔다. 특히 집현전(集賢殿)의 설치 및 그 운영 방식은 아주 획기적인 것이었다. 세종은 집현전을 통해 천하의 인재를 흡수하여 공론이 조정에 있도록 하는 효과를 거두었다. 특히 그들은 경연관(經筵官)이나 서연관(書筵官)으로 참여할 수 있어 임금이나 세자를 직접 대면할 수 있는 기회가 많았다. 이들은 당시 공식적인 언관은 아니었지만 직, 간접적으로 권력 핵심부에 상당한 언론을 행사한 것으로 볼 수 있다. 그렇지만 세종은 그 학자들을 특대(特待)하면서도 그들의 역할을 학문연구에 한정했다. 세종은 그들을 언관이나 기타 고관으로 진출할 수 있는 길을 극히 제한하고,[32] 역할 분한을 분명히 하는 등, 신료들 간 갈등의 소지를 줄여 나간다.

이처럼 세종은 신진학자(新進學者)들에 대한 언로(言路)를 활짝 열어 놓으면서도 그들의 역할(役割)을 제한(制限)했고, 나아가 언관(言官)의 언로 역시 활짝 열어 놓으면서도 그것이 통합을 해치지 않도록 그들의 대신(大臣)에 대한 탄핵(彈劾)이나 처벌에는 극히 신중을 기하였다. 대개 왕정체제의 군왕들이 즐겨 쓰는 용인술(用人術)은 충성스러운 신진세력을 확보해서 개혁이란 이름으로 기득권층에 있는 중신들을 공격하게 하거나 견제토록 함으로써 그 대립 각 위에서 왕권의 탄력성(彈力性)을 유지해 보려는 형태를 보이는데, 세종은 그처럼 판에 박힌 방법을 쓰는 대신, 양측 의견을 모두 적절히 수용함으로써 양 세력 간의 조화를 모색하였다. 그는 양 세력이 서로 상대방을 견제하되, 극단적인 수단을 쓰지 못하도록 제한함으로써 그의 개혁이 자신의 권력 확대를 위한 것이 아니라는 신뢰를 얻을 수 있었던 것이다.

이러한 방식은 결과적으로 부정부패(不正腐敗)를 다스리는 데에 있어서도 사후처벌(事後處罰) 보다는 사전예방(事前豫防)에 초점을 맞추도록 유도한다. 왜냐하면 학자와 행정가가 전문화되어 서로 전문가로서 견제하게 되므로 부정부패의 고리가 차단되고, 언관과 고관이

---

32) 정두희, 조선초기 정치지배세력 연구, (일조각, 1989) 176쪽 참조.

서로 견제하는 모양새가 되어 서로 간에 함부로 탄핵할 수 없게 되기 때문이다. 그래서 세종의 인사(人事)는 개혁(改革)을 하면서도 통합(統合)을 깨뜨리지 않는 절묘(絶妙)한 방식이라 할 수 있다. 개혁이란 이름 아래 대대적인 숙청(肅淸)을 가하거나 정적(政敵)을 제거하는 방식은 반드시 반발을 가져와 통합을 깨뜨리게 되어 있다. 나아가 그것은 또 국력(國力)의 손실이나 피폐를 초래하며, 결과적으로는 개혁의 실패를 가져오게 하는 부메랑이 되는 경우가 적지 않다. 세종은 개혁에 따르는 그러한 반작용(反作用)을 잘 통찰함으로써 차원 높은 정치력을 발휘할 수 있었고, 그래서 개혁과 백성통합을 동시에 이루어 냈던 것이다.

이를 좀 더 부연하면, 세종은 집현전을 통해 신진세력을 규합하면서도 기존의 중신들도 계속 중용(重用)하는 포용력을 발휘한 것이다. 예컨대 세종이 자신의 세자책봉을 반대했다가 귀양가있던 황희를 불러들여 시험해 본 후 18년간이나 정승으로 특대한 사실은 유명하며, 그 외 맹사성, 변계량 등도 세종에 의해 중용되어 명신(名臣)의 반열에 오른 대표적 인물들에 속한다.

뿐만 아니라 세종은 재주와 품성이 서로 다른 신료들을 적재적소에 배치하여 조화를 이루게 하는 데 있어서도 단연 빛이 난다. 예컨대 세종시대의 재상 중 허조는 원칙을 강조한 법가적(法家的) 인물이었고, 황희는 중용을 실천한 유가적(儒家的) 인물이었다. 그리고 맹사성은 기필하지 않는 도가적(道家的) 인물이었으며, 변계량은 문장과 예법에 밝은 불가적(佛家的) 인물이었다. 이들은 어전회의(御前會議)라는 용광로에서 각자의 특장점을 발휘하면서 좋은 국가정책을 만들어 냈다.[33]

---

33) 박현모, '세종처럼' 앞의 책, 144쪽

이처럼 인재를 포용하며 여기며 아끼던 세종은 모든 개혁이 우선 숭유(崇儒)로 집약(集約)되어야 한다고 보았다. 그러나 세종은 이념을 위한 이념의 확산에 치우치지 않는다. 그는 유학에 능한 인재를 길러 백성통합(百姓統合)과 백성들의 생활향상(生活向上)을 꾀함은 물론, 사대외교(事大外交)에도 대비하는 등 원칙 있는 실용노선(實用路線)을 걷는다.

이미 지적했듯이 세종은 왕도정치 이념을, 단순한 정치적 명분이 아닌, 실제 정치과정에서 실현시킬 수 있다고 믿었다. 그래서 세종은 조선조 개창시 비참여파(非參與派)들의 명분인 의리(義理)를 인정하고, 정몽주, 길재 등을 충신(忠臣)의 표본(標本)으로 추앙토록 하는 포용력을 발휘한다. 이러한 노력은 태종이 정적(政敵)으로 죽인 정몽주를 충신으로 격상시키면서 이미 시도되었지만, 세종 대에 이르러 보다 구체화되는 것이다. 세종은 비록 고려에 대해서는 필망(必亡)할 수밖에 없었다고 생각했지만, 그래도 당시 이미 의리의 화신으로 알려지기 시작한 정몽주 등, 새 왕조 개창에 반대했던 비 참여파의 의리문제에는 매우 전향적(轉向的)태도를 취한 것이다.

그리하여 세종은 '숭유'와 '인재등용'을 명분으로 하여 비 참여파인 의리파와 화해를 시도한다. 그리하여 세종의 치세동안 조선조 창건에 반대했던 인물들의 후예들이 조정에 다수 진출하게 된다. 세종은 코드인사가 아닌, 폭넓은 인재풀을 활용한 선구자였던 셈이다. 세종은 실로 백성들을 하늘처럼 떠받들고 신료들을 협력자로 삼아 개혁과 통합을 절묘하게 조화시킨 것이다. 그리고 이것은 세종이 신료들을 국정의 동반자로 대우하면서 그들과 소통하고 비전을 공유함으로써 신뢰를 얻었기 때문에 가능한 일이 되었다.

03 유교적 마인드의 확산

1) 예적 질서의 확립

비전을 공유하며 개혁과 통합을 절묘하게 조화시킴으로써 통합을 이루어 가던 세종은 조선조의 정치문화를 아예 유교적인 것으로 바꾸기 위해 유교적 마인드의 확산에 공을 들인다.

우선 세종은 1900여회에 걸친 경연(經筵)을 열어 신료들과 함께 열심히 공부하면서 자신의 마인드를 유교적인 것으로 변화시키는 일에 솔선수범한다. 이와 함께 세종은 신민들의 마음바탕을 바꾸기 위한 노력도 게을리 하지 않는다. 그래야만 강압적 방법이 아닌 도덕적 감화를 통해 백성들을 가르치고 이끌어갈 수 있다고 본 것이다. 이것은 유학에서의 인간관계는 상호 배타적이 아닌, '효제'와 '의리'를 바탕으로 한 상보적(相補的) 관계임을 전제로 하기 때문이다. 이는 백성통합을 위한 최선의 논리요 최고의 비책이다. 세종은 바로 이러한 정치적 목적을 염두에 두고 제도적 개혁과 신민들의 의

식화 작업에 진력한다. 세종은 열정적으로 새로운 정치문화를 가꾸어 간 것이다.

유교적 마인드의 확산을 위한 세종의 개혁은 지속적으로 이루어졌다. 그는 예조(禮曹), 집현전(集賢殿), 의례상정소(儀禮詳定所) 등과 의논하여 국가제도를 유교식으로 정비하고, 신민들의 의식을 유교적인 것으로 바꾸는데 최선을 다한다.

이렇게 유교적 제도와 마인드를 확산시키며 체제를 정비해 가던 세종은 아들이 아비를 죽인 사건을 접하고 큰 충격을 받게 된다. 그래서 그는 우부우부(愚夫愚婦)까지도 교화해야할 필요성을 절감한다.

"임금이 일찍이 진주사람 김화가 그 아비를 살해했다는 사실을 듣고 깜짝 놀라 낯빛을 변하고는 곧 자책하고 드디어 여러 신하를 소집하고 효제를 돈독히 하고 풍속을 후하게 이끌도록 할 방책을 논의하게 하니, 판부사 변계량이 아뢰기를, '청하옵건대 〈효행록〉 등의 서적을 널리 반포하여 항간의 영세민으로 하여금 이를 항상 읽고 외우게 하여 점차로 효제와 예의의 마당으로 들어오도록 하소서' 하였다. 이에 이르러 임금이 직제학 설순에게 이르기를, '이제 세상 풍속이 박약하여 심지어는 자식이 자식 노릇을 하지 않는 자도 있으니, 〈효행록〉을 간행하여 이로써 어리석은 백성들을 깨우쳐 주려고 생각한다. 이것은 비록 폐단을 구제하는 급무는 아니지만, 그러나 실로 교화하는데 가장 먼저 해야 할 것이니, 전에 편찬한 24인의 효행에다가 또 20여인의 효행을 더 넣고 전조 및 삼국시대의 삶으로 효행이 특이한 자도 또한 모두 수집하여 한 책을 편찬해 이루

도록 하되, 집현전에서 이를 주관하라."(세종 10년 10/3)

흉년이 든 것도 자기의 탓으로 여기던 세종은 필부필부의 폐륜적인 행위도 자책으로 여기며 그 대책을 강구하고 있다. 구중궁궐 깊은 곳에 거하는 임금으로서 일개 천한 백성의 살부(殺父) 사건에 대해 크게 자책을 하면서 깊은 관심을 가진 것은 그가 왕도적 민본정치를 위한 정치문화의 개혁에 얼마나 깊은 관심을 가지고 있었는지를 단적으로 보여주는 광경이다.

이러한 세종의 의도에 따라 '삼강행실도(三綱行實圖)'가 편찬되는 것이다. 그 서문에서 세종은 삼대(三代)의 지치(至治) 이후 교화가 쇠퇴한 것을 한탄하면서 그래도 간혹 훌륭한 행실과 높은 절개를 찾아볼 수 있으니, 그 중 특히 뛰어난 것을 뽑아서 그림과 찬을 만들어 중앙과 지방에 나누어 주고 우매한 남녀들까지 다 쉽게 보고 느껴서 분발하게 되기를 바란다고 하였다.

이와 같이 세종은 새로운 정치문화의 형성을 꿈꾸며 각종 유학서적을 수입 정리 출판한다. 당시 '소학(小學)'이나 '주자가례(朱子家禮)' 등은 일찍이 들어와 학습되고 있었던 것 같은데, 이에 덧붙여 세종은, '대학연의(大學衍義)' '근사록(近思錄)' '사서대전(四書大全)' '오경대전(五經大全)' '성리대전(性理大全)' 등의 경전(經典)을 수입 간행, 강론토록 하였다. 이와 함께 세종은 국가의 의례인 '오례(五禮)'와 사서(士庶)의 의례인 '사례(四禮)' 등을 정비토록 하였다.

이렇게 유교문화를 보급하는 과정에서 출판 관련 기술이 크게 진보한다. 세종은 취임 2년 차(1420)에, 태종 3년(1403) 주자소(鑄字所)

를 설치하고 만들어낸 계미자(癸未字)를 보완하여 경자자(庚子字)를 만들어낸 바 있었는데, 취임 16년 차(1434)에 그 경자자를 다시 크게 보완하여 갑인자(甲寅字)를 만들도록 한다. 그것은 장영실 등 천민 출신의 기술관리들과 장공인들을 동원, 두 달 동안에 걸쳐 만든 20여만 자의 금속활자(金屬活字)로서, 글씨가 아름답고 단정하며 인쇄가 편리하여 이조 말기까지 애용된다. 이어 1436년에는 연활자(鉛活字)가 만들어졌는데 그것이 바로 병인자(丙寅字)였다. 1444년 훈민정음이 창제된 뒤에는 국문활자에 의한 인쇄도 진행되었으며, 활자 주조기술이 발달하여 매일 3400-3500자의 활자를 만들었다고 한다. 하루에 350-400자 정도를 만들었다는 독일의 구텐베르크 활자에 비해 훨씬 선진화된 기술이었다.(조선통사, 상 346쪽) 이렇게 발달된 인쇄술(印刷術)을 통해 수십 종의 책이 간행되어 조야에 배포됨으로써 왕도적 민본정치 이념의 확산과 그에 따른 유교적 정치문화의 형성에 큰 역할을 하였음에 틀림없다.

2) 악(樂)의 정리

이렇게 유교의 예적 질서의 확립에 공을 들이던 세종은 유교정치문화의 핵심이 '예(禮)와 악(樂)의 조화'에 있음을 놓치지 않는다. 우리는 세종이 단순한 군왕이 아니라 유교경전을 섭렵한, 당 시대 최고의 유학자이기도 했음을 유념할 필요가 있다. 실제로 유교경전의 하나인 예기(禮記)의 악기는 "악이란 천지의 조화이며 예란 천지의 질서다."라고 말한다.

사실 예는 공동체의 유지와 원활한 작동을 위한 사회규범이지만, 그것은 분별적 질서규범이다. 악은 그러한 분별적 규범을 내면화하는 동시에, 공동체 구성원들의 조화와 어울림을 이끌어낼 수 있는 아주 유효한 예술이다. 이러한 악은 예의 분별성이 초래할 수 있는 공동체 조직의 경직화를 예방하고 치유할 수 있다. 그래서 유교의 가르침을 통치 질서의 근간으로 삼던 옛 중국에서는 각종 예(禮)에 걸 맞는 음악(音樂)이 제정되어 연주되었던 것이다. 오늘날 교회에서 예배를 드릴 때 예배자들이 하나님 말씀을 통해 경건(계명의 실천)하게 살기를 다짐하는 한편, 각 계명에 걸맞은 찬송가를 함께 부르며 그 계명을 내면화하고 교감을 나누는 가운데 예배자들이 하나가 되는 모습을 보여주는 것, 이것이 바로 예와 악의 관계, 혹은 예와 악의 조화를 가늠해 볼 수 있는 좋은 사례가 될 것이다.

이와 관련하여 '상서대전, 주전(尙書大傳, 周傳)'의 "성왕의 섭정으로 일하던 주공(周公) 6년, 각종 예를 제정하고, 그에 필요한 음악을 지었다."라는 대목이 등장하는데, 이에 대해 김충렬 교수는 다음과 같이 해석한다.

"주공은 그런 작업을 통하여 은의 종교적 분위기를 지양하는 한편 도덕적 분위기를 조성해 나갔다. 구체적으로 말하면 은의 예가 주로 종적이며 수직적인 종교 미신의 체제였던 데 반해 주공은 예악의 제정을 통하여 이것을 혈연공동체의식으로 바꾸어 인륜관계에 따른 질서를 예제화하였고, 나아가 이것을 다시 실제 정치와 연결시켜 사회공동체의식을 새로 조성하여 도덕정치를 시행했던 것이다."[34]

세종은 이러한 예악의 조화를 신봉하였다. 그리하여 앞에서 본 바와 같이 예적 질서의 보급을 위한 노력을 하는 한편 그에 못지않게 음악을 바로잡는 일에 힘을 쏟게 되는데, 박연, 맹사성 등을 동역자로 삼아 일을 추진한다.

음악의 정리를 향한 세종의 열정은 곧 어느 정도의 결실을 맺는다. 특히 박연은 세종 9년(1427) 음악의 기준이 되는 12율관 제작에 성공한다. 율관(律管)은 도량형의 기준이라 할 수 있는 것으로 중국에서나 할 수 있는 일이라 여겨지던 것이었는데, 박연이 그것을 제작하여 종묘와 조회 때 음악 연주에 사용하게 된 것이다.[35] 그 뿐이 아니었다. 박연과 악공들은 여러 종류의 대나무 관악기는 물론 편종(編鐘)과 편경(編磬)까지도 만들고, 조정에서는 악기 제작을 위한 악기도감(樂器都監), 악기 조율을 위한 조율관(調律管)도 만든다.[36]

그러나 이와 같은 노력과 성과에도 불구하고 음악에 관한 세종의 문제의식은 완전히 해소되지 않았다. 음악에 관한 해박한 지식과 거의 절대음감을 가지고 있었다고 전해지는 세종의 고민은 다음과 같은 것이었다.

---

34) 김충렬, '중국철학사' (예문서원), 162쪽, 이한우, '세종, 그가 바로 조선이다' (동방미디어,2003) 241쪽에서 재인용
35) 이한우, 위의 책, 252쪽 참조
36) 전경일, '창조의 CEO 세종' (휴먼비지니스,2006) 152쪽 참조

"아악은 본시 우리나라의 성음이 아니고 실은 중국의 성음인데, 중국 사람들은 평소에 익숙하게 들었을 것이므로 제사에 연주하여도 마땅할 것이다. 우리나라 사람들은 살아서는 향악을 듣고, 죽은 뒤에는 아악을 연주한다는 것이 과연 어떨까 한다. 하물며 아악은 중국 역대의 제작이 서로 같지 않고, 황종의 소리도 또한 높고 낮음이 있으니, 이것으로 보아 아악의 법도는 중국도 확정을 보지 못한 것임을 알 수 있다. 그러므로 내가 조회나 하례에 모두 아악을 연주하려고 하나, 그 제작의 적중을 얻지 못할 것 같고, 황종의 관으로는 절후의 풍기 역시 쉽게 낼 수 없을 것 같다…… 방금 '율려신서'를 강의하고 있고, 또 역대의 응후를 상고한 것도 한둘로 헤아릴 수 없을 만큼 악기의 제도는 모두 그 정당한 것을 얻지 못하였고, 송나라 주문공에 이르러 그의 문인 채원정이 악기를 만들어 내니…… 문공이 서신을 통해 '제작한 악기의 음률이 아직 미흡하니 그대의 귀환을 기다려서 다시 제작하자.'고 한 것으로 보아 송나라의 악기도 또한 정당한 것이 아니며…… 중국에서도 또한 향악을 섞어 썼던 것이다."(세종실록49/12/0911)

이 대목에 따르면 세종의 고민은 크게 두 가지였다. 하나는 우리나라 사람들이 '살아서는 향악(鄕樂)을 듣고, 죽어서는 아악(雅樂)을 듣는' 모순을 어떻게 해결할 것인가 하는 점이고, 또 하나는 아악을 기준으로 삼고자 해도 '기준음을 비롯한 아악의 법도'조차도 확정되어 있지 않다는 것이다. 백성을 경외하며 사랑했던 군주 세종은, 훈민정음 창제나 농사직설의 편찬 등에서 보듯이, 우리의 실정과 풍토에 맞는 것들을 창출해 내는 일을 자신의 소명으로 삼는다. 그것은 음악에 있어서도 마찬가지였다. 세종은 향악으로 음악을 통일하고 싶었던 것이다. 그렇지만 음악의 기초는 역시 아악을 정비하는 데 있었다. 그리하여 세종은, 아악을 정비해 향악을 완전 대체하려고 꿈꾸는 박연을 탐탁지 않게 여겼지만, 따지고 보면 아악도 제대로 정리가 안 된 형편인지라 박연이 아악에 몰두하는 것을 나무랄 수도 없었던 것이다. 이러한 고민을 해결하기 위해 세종은 박연의 아악 연구, 정리에 박차를 가하도록 힘을 실어주는 한편, 전국 각지에 흩어져 있던 민요를 수집, 연구토록 조처한다.

이러한 노력의 결과 세종은 향악인 보태평(保太平, 역대 왕들과 선조들의 문덕,文德을 찬양한 음악, 11곡)과 정대업(定大業, 역대 왕들과 선조들의 무덕,武德을 찬양한 음악, 15곡) 등을 작곡하여 회례악(會禮樂, 궁중 예연의식, 禮宴儀式에서 연주되던 음악)으로 사용토록 한다. 이 곡들은 동양 최초의 유량악보(有量樂譜, 음의 높이와 길이를 정확히 기록할 수 있는 악보)인 정간보(井間譜)에 최초로 기록된 곡들이다. 공연할 때는 아악기, 당악기, 향악기를 섞어 편성하여 연주하고 문무(文舞)와 무무(武舞)를 일무(佾舞)로 추었다. 이 곡들은 훗날 세조 9년 이후 종묘제례악(宗廟祭禮樂)으로 개편되어 지금도 종묘제례에 사용되고 있다.[37]

이와 같이 세종은 부단히 '예와 악'의 조화를 추진했으며, 그 결과 명실상부한 정치문화가 형성되어(정치적 명분이 정치과정으로 승

---

37) 네이버 백과사전 참조

화, 문화로 자정함) 자칫 정치적 구호에 머무르고 말 수도 있는 정치적 명분(왕도적 민본정치)을 조선의 대지 위에 꽃피게 할 수 있었던 것이다.

그런데 특이한 것은 조선조 개창에 반대한 세력도 유교적 마인드를 갖추어 가고 있었다는 점이다. 두 세력은 원래 모두 왕도적 민본정치를 신봉하면서도 새 왕조 개창을 둘러싸고 사공(事功)을 중시하는 참여파(參與派)와 의리(義理)를 중시하는 비 참여파(非參與派)로 분화될 수밖에 없었는데, 결국 참여파의 승리로 조선조가 개창되었고, 조선조는 급속히 유교사회로 변질되어 간다. 참여파는 참여파대로 왕권확립을 위한 왕자의 난을 겪는 등 권력지향적인 세력으로 성장하는 가운데서도 유교적 규범을 토대로 나라의 기틀을 잡아갔고, 비 참여파는 또 그들대로 의리문제에 천착하면서 학맥을 이어간다. 이렇게 지향점을 달리하면서 성장하던 두 세력은 세종 대에 이르러 비로소 부분적으로나마 접촉하는 기회를 맞이함으로써 정치적 통합의 토대를 마련하고 왕도적 민본정치가 꽃피는 계기가 되었던 것이다.

제 4 장

민본정치와 세종의 추진력

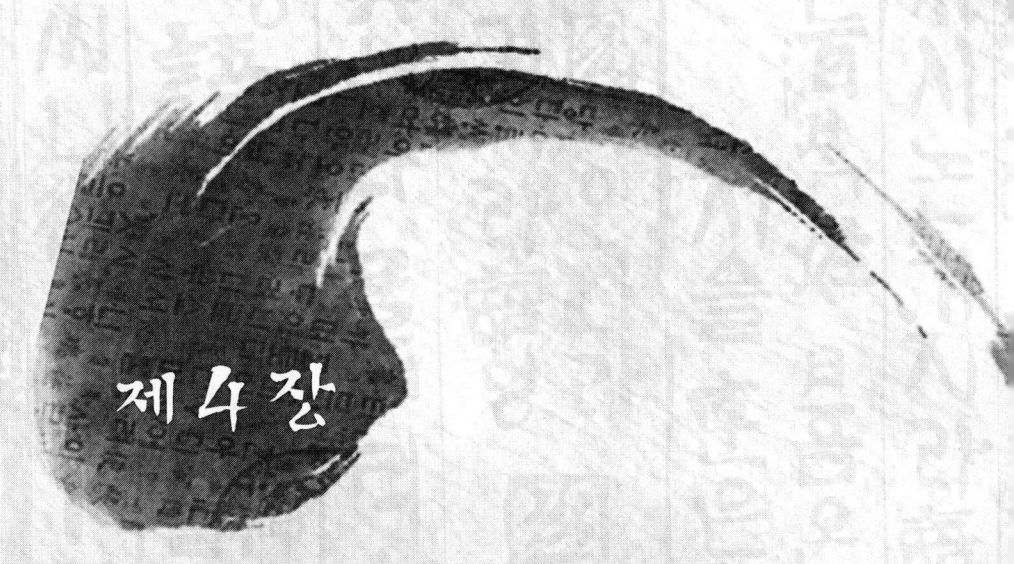

01 민본정치를 향한 세종의 열정

왕도정치는 존현사능과 언로개방을 양대 축으로 하는 공론정치로서 그 지향점은 양민에 역점을 두는 민본정치였다. 양민은 민생을 챙기는 일로서 국리민복과 대외안보로 구체화된다. 이러한 민본정치는 통합된 민심을 바탕으로 철저한 시나리오를 만들어 그것을 과단성 있게 추진해야 실현 가능한 것이다.

유교적 마인드의 확산에 공을 들이며 통합에 힘쓰던 세종은 '백성은 나라의 근본이니 근본이 튼튼해야만 나라가 평안하게 된다. 내가 박덕한 사람으로서 외람되이 백성의 군주가 되었으니, 오직 이 백성을 기르고 어루만지고 달래주는 방법만이 이 마음속에 간절하다' 고 하면서 자나 깨나 백성들을 걱정하고 정치(행정), 경제, 사회, 문화 등 거의 모든 영역에 걸쳐서 치밀한 시나리오를 작성, 일을 추진한다.

세종의 정책추진력의 동력(動力)은 세종의 백성에 대한 경외와 사랑에서 나온 열정(熱情)이었고, 그 열정은 정교한 시나리오의 과단성 있는 실천을 통해 많은 성과를 가져온다.

1) 애민적 시나리오와 그 성과

- 수령육기제

세종은 백성을 위하는 일이라면 때로는 신료들의 반대를 무릅쓰고 소기의 정책을 관철시키는 일을 주저하지 않았다. 세종 대 행정개혁과 관련해서는 부민고소금지법의 개정, 수령육기제(守令六期制)의 실시 등이 행정개혁의 대표적 사례라 할 수 있다.

수령육기제는 수령의 잦은 교체가 '영송(迎送)'의 민폐를 끼치며, 수령들의 업무 질을 떨어드린다고 보아 세종이 강력히 추진한 정책이었다.

세종은 재위 5년째에 종전의 30개월(3기)이던 수령의 임기를 60개월(6기)로 늘려 시행토록 전격 조처한다. 이것은 당시 이판(吏判)이던 허조의 건의를 받아들인 것으로 이를 수령육기제라 한다. 그런데 이 제도에 대해 허조, 황희 등을 제외한 대부분의 신료들이 반대하고 나선다. 그 이유는 이 제도가 "조종의 법도에 어긋나고", "지방관들의 가정이 온전치 못하며", 특히 외직 근무자에게 매우 불리한 제도하는 것이다. 이에 대해 세종은 내외관(內外官) 순환근무제(循環勤務制)를 통해 그 불만을 최소화 하면서 수령육기제를 지켜낸다.

이에 대해 실록은 "관직을 오래 맡긴다는 한 가지 일로 여러 사람의 의논이 소란하고, 때마침 가뭄이 또한 심하건만 굳게 잡고서 바꾸지 아니했으므로 마침내 성공의 효과가 있었다."(세종실록, 07/06/27) 고 평가한다.

- 생산력 향상을 위한 노력

애민에 투철했던 세종은 무엇보다도 우선 백성의 먹을거리를 풍족하게 하는 일에 자신의 역량을 집중한다. 세종은 취임과 함께 "백성은 먹는 것을 하늘과 같이 우러러 보는 것이다."라며, 백성의 구휼에 진력하는 한편, 백성을 배불리 먹일 수 있는 근본적인 대책에 착수한다.

세종은 우선 조선조 성립 직후부터 실시된 양전사업을 지속적으로 추진한다. 그리하여 1393년부터 시작하여 거의 매년 실시한 양전사업의 결과 세종대에 이르면 토지결수는 총 1,719,860 결에 이른다.(평안도 311770결, 함경도 149,360결, 황해도 233,880결, 강원도 65,908결, 경기도 207119결, 충청도 236,117결, 전라도 264,268결, 경상도 261,438결 등, 이상, 세종실록지리지)

이러한 양전사업과 더불어 세종은 생산성 향상을 위한 작업에 몰두하였다. 그는 먼저 농사와 밀접한 관련이 있는 천문도(天文圖)와 천문기기(天文機器)를 제작토록 하였고, 우리 실정에 맞는 역법(曆法)을 정리토록 하였다. 천문기기로서는 대간의(大簡儀), 소간의(小簡儀), 혼천의(渾天儀), 혼상(渾像) 및 시간을 측정하는 앙부일구(해시계), 자격루(自擊漏, 물시계), 그리고 강우량을 측정하는 측우기(測雨器) 등을 제작토록 하였으며, 역법은 '칠정산내편(七政算內篇)'과 '칠정산외편(七政算外篇)'이 완성되었다. 여기서 내편은 서울을 표준으로 작성한 달력으로서 거기에는 천문계산에 필요한 상수들과 수표 및 계산방법을 제시하고 해와 달이 운동하는 원리와 해가림 및 달가림의 예보이론, 항성의 운동에 관한 이론들이 서술되어 있다. 여기서 제시된 상수들은 매우 정확하다. 예컨대 1년의 길이는 365.2425일로 오늘날 쓰이는 것과 꼭 같고, 한 달의 길이는 29.530593 일로 오늘날의 상수 29,530688 과 거의 같다. 그리하여 칠정산에 의하면 해, 달, 행성들의 지나갈 위치를 예측할 수 있을 정도다. 그리고 외편은 그냥 참고용이었다.(조선통사, 상, 341-342).

  이렇게 농사를 돕는 연구와 함께 영농기술의 발전과 보급에도 힘을 기울여 '농상집요(農桑輯要)' '사시찬요(四時纂要)' '본국경험방(本國經驗方)' 등을 편찬, 농법을 계몽하였고, '농사직설(農事直說)'을 짓게 하여 한국풍토에 맞는 농법을 권장하였다. 특히 정초가 편찬한 '농사직설'은 각 도의 관찰사가 경험 많은 농부들에게서 농업기술에 대하여 들은 것을 수집한 것으로 곡식작물 재배에 중점을 두고 주요농산물을, 비곡(備穀, 종자의 선택과 저장, 처리) 지경(地耕, 논. 밭갈이) 종마(種麻, 삼의 파종과 재배 수확) 종도(種稻, 벼의 재배) 종서속(種黍粟, 기장 수수 조의 재배) 종직(種稷, 피의 재배) 종대두소두(種大豆小豆, 콩 팥 녹두의 재배) 종맥(種麥, 보리와 밀의 재배) 종호마(種胡麻, 참깨 재배) 종교맥(種蕎麥, 메밀 재배) 등의 10항목으로 나누어 기술하고 있다. 이것은 지방 권농관의 지침서가 되었고, 이후로도 판을 거듭하면서 증보되는 등 농본사회인 조선 산업의 가장 중요한 지침

서가 되어 농업생산성 향상에 크게 이바지 하였다. 그 내사본은 일본에까지 전해졌다고 한다.[38]

이 외에도 토지의 비옥도를 유지하기 위한 시비법(施肥法)도 개량되었으며(녹비법, 綠肥法 등) 가을갈이 깊이갈이 조기파종 등 여러 가지 영농법도 개선, 보급되었다. 특히 벼의 생산량을 늘리기 위해 벼의 품종개량도 이루어졌고, 물사리(정리된 논에 종자를 직접 뿌리는 수직파법, 水直播法), 묘종법(苗種法, 모내기법) 등 재배방법도 다양해졌으며, 남부지방에서는 벼와 보리의 이모작도 널리 보급되었다. 게다가 이러한 농사를 뒷받침하기 위해 김제의 벽골제 등 많은 저수지들이 보수, 확장되거나 혹은 신설되었고, 가능한 한 밭을 논으로 바꾸어 농업생산량 증가에 박차를 가하였다(조선통사, 상 317-320 참조).

- 합리적 과세를 위한 노력

생산성 향상을 위해 불철주야 노력하던 세종은 과세(課稅)의 합리화(合理化)를 위해서도 아이디어를 공모한다. 과세의 합리화 역시 양민(養民) 또는 민생의 필수요소이다. 일반적으로 과세는 국가의 살림살이를 위해 필요한 것이지만, 가렴주구(苛斂誅求)로 백성을 못살게 구는 정부가 있는가 하면, 합리적 세금을 통해 백성도 살리고 나라도 살리는 현명한 최고 정치지도자들도 있다. 세종은 후자에 속한다. 세종은 일찍이 기근(饑饉)으로 고통 받는 백성들을 생각하고는

---

38) 네이버 백과사전 참조

무척 가슴 아파했다.

"해를 거듭한 기근으로 백성들은 간혹 먹을 것이 떨어지는 일이 있는데도 여러 경차관은 대의는 생각하지 않고 오직 일처리에만 마음을 써서 왕년에 민간에게 대여한 곡식을 징납하기에 너무 심히 하므로 백성들에게 폐해가 되니, 경차관에 유시하여서 백성이 가난하여 갚지 못하는 자에게는 강제로 징수하지 못하게 하라. 내가 깊은 궁중에 있으므로 민간의 일을 다 알 수 없으니, 만일 이해관계가 민간에게 절실한 것이 있게 되면 너희들이 마땅히 모두 아뢰게 하라."(세종 3년/1/3)

조선조는 공. 사전에 10분의 1세를 일률적으로 부과하는 공법(貢法)을 실시하였다. 처음엔 답험손실법을 실시했다. 그것은 농산물 생산 실태조사를 하여 결당 손실의 정도에 따라 기준 수조액(收租額)에서 일정액을 감면해 주는 제도였다. 이는 풍년에는 별 문제가 없으나 흉년이 되면 백성에 대한 수탈이 되는 문제점이 있었다. 그래서 세종은 연분6등 및 전분9등의 공법을 구상하고 여론조사를 실시하여(찬성 98657, 반대 74149) 신료들과 몇 년간에 걸쳐 충분히 토론한 후 결단을 내리어 시행하게 된다.

'경국대전(經國大典)'에 의하면, 전분 6등은 토지의 등급으로서 토지의 비옥도(肥沃度)에 따라 1결의 넓이를 달리했다. 예컨대 1등전 1결은 38묘, 2등전 1결은 44묘 7푼, 3등전 1결은 54묘 2푼, 4등전 1결은 69묘, 5등전 1결은 95묘, 그리고 6등전 1결은 152묘였다. 1결은 쌀 300두를 생산할 수 있는 면적이었다. 한편 연분 9등은 농사실적의 차이로서 당해 연도의 농사실적을 살펴 총 9단계로 풍흉(豊凶)을 구분, 세금 액을 결정한다. 이 제도 역시 실제의 적용상 계속 문제가 있었지만, 그래도 공평과세를 위한 노력은 높이 평가해야 한다.

- 한글 창제와 반포

세종의 백성에 대한 사랑은 그들의 짐을 덜어주고 그들의 먹을거리를 풍성하게 해 주는 일에서도 빛이 나지만, 그래도 애민정신의 극치는 역시 훈민정음의 창제와 반포가 아닌가 싶다. 다음은 세종이 그림을 곁들여 '삼강(三綱)'을 가르치는 '행실도(行實圖)'를 편찬하고도 글을 모르는 백성들이 그것을 깨칠 수 있도록 각 기관장들에게 식자를 동원하여 가르치라고 효시하는 글의 일부인데, 글을 모르는 백성들에 대한 안타까움이 배어있다.

"…… 〈삼강행실도〉라 하고 인쇄하여 널리 펴서 거리에서 노는 아이들과 골목 안 여염집 부녀자들까지도 모두 쉽게 알기를 바라노니 펴보고 읽는 가운데 느껴 깨달음이 있게 되면 인도하여 도와주고 열어 지도하는 방법에 있어서 도움 됨이 조금이나마 없지 않을 것이다. 다만 백성들이 문자를 알지 못하여 책을 비록 나누어 주었을 지라도, 남이 가르쳐주지 아니하면 역시 어찌 그 뜻을 알아서 감동하고 착한 마음을 일으킬 수 있으리오……"(세종 16, 4/27)

이로 미루어 보아 세종은 진짜 한문으로 된 책들을 언문(諺文)으로 번역하여 백성들에게 읽히고 싶었던 것이다. 그는 삼강행실도의 언문번역을 통해 충신 효자 열녀들이 쏟아지기를 원했고, 모든 법제가 언문으로 읽혀져 억울함을 당하는 백성이 없어지기를 바랐다. 그는 각종 농업에 관한 책도 한글로 번역되어 백성들이 부자가 되고 국가재정이 튼튼해지기를 염원했을 것이며, 각종 의학서적도 언문으로 읽어 백성들이 건강해지기를 원했을 것이다. 나아가 세종은 아예 언문으로 책을 지어 백성들이 모든 정보를 함께 공유하기를 꿈꾸었던 것 같다.

훈민정음 창제는 실로 세종대왕의 백성에 대한 애정과 서비스 정신의 극치였다. 여기서 우리는 국가 최고지도자로서의 최고(最高)의 덕목(德目)은 바로 백성(국민)들에 대한 애정이며 그들의 아픔을 자신의 아픔으로 받아들여 민본의 정사를 베푸는 것임을 발견할 수 있다. 물론 이런 말을 들으면 이익사회요 민주주의 시대에 그 무슨 순진한 발상이냐고 비아냥거릴 수도 있겠지만, 그래도 진리는 어디까지나 진리다.

어쨌든 지금까지 밝혀진 바로는 세종이 스스로 훈민정음을 만들었던 것 같고, 그에 참여한 신하들 역시 음운학적(音韻學的) 기초자료 조사를 비롯해서 많은 도움을 주었던 것 같다. 사실 왕정시대의 임금은 비록 덕치와 예치를 명분으로 삼고 있었지만, 실제로는 만백성 위에 군림하는 지배자(支配者)가 얼마나 많았던가? 그러한 입장에 있던 군왕이 뭐가 아쉬워서 훈민정음을 낳는 산고(産苦)를 스스로 짊어졌겠는가? 물론 세종의 학문적 호기심의 작용도 배제할 수는 없겠지만, 그보다는 역시 진정한 '민본'을 실천함으로써 백성들의 원한을 풀어주고 자유로운 의사교환을 통해 '여민동락'하고 싶었던 때문이 아니겠는가? 세종은 백성이 제 뜻을 펴 소통(疏通)할 수 있도록 해 주고 싶었다. 실로 이 훈민정음의 창제, 반포야말로 민본정신을, 단순한 정치적 구호가 아닌, 실제의 정치과정에 반영한 세종 최고의 걸작품(傑作品이)이었다. 세종은 이미 인간이 평등(平等)한 존재라는 사실을 알고 있었던 것임에 틀림없다.

훈민정음은 대다수 사대부(士大夫)들이 반대하는 등 우여곡절을 겪게 되지만, 시간이 지남에 따라 부녀자와 하층 계급을 중심으로 퍼지기 시작하여 '백성이 말하고자 하는 바'를 표현할 수 있게 되었다. 그 뿐이 아니다. 훈민정음은 오늘날 우리 국민의 정체성(正體性)을 담보하는 가장 중요한 요소가 되기에 이르렀다. 옛 문헌은 물론 첨단 과학을 담아내기에도 전혀 부족함이 없는 매우 과학적이고 편리한 글자인 것이다.

2) 소외계층 배려

- 인권 대책

인권(人權)은 인간으로 태어난 사람은 누구나 갖는 권리이지만, 그래도 문제가 되는 것은 역시 약자(弱者)들의 인권이다. 이들은 왕정체제에서 큰 소리를 내는 집단은 못되었지만, 왕도적 민본정치를 추구하던 세종에게는 이들도 천민(天民)이었다. 세종은 그들까지 껴안

아야 진정한 민본정치가 이루어진다고 보고 약자들을 위한 대책을 서두른다.

인권의 개념은 현대 민주주의의 발달과 더불어 크게 부각된 개념이다. 사람은 누구나 천부(天賦)의 인권을 타고 나므로 누구든지 헌법에 보장된 기본권(基本權)을 비롯하여 각종의 법적 혜택을 누려야 하지만, 이런 저런 이유에서 사회적으로 약자 형편에 놓인 자들은 그러한 기본권마저도 제대로 누릴 수 없는 것이 현실이다. 오늘날 평등사회인 민주주의 사회에서도 그러한 약자들이 끊임없이 양산되고 있는데, 불평등 사회였던 과거 왕조 시대에는 인권이니 기본권이니 하는 단어조차도 없었으니 더 말할 나위조차 없다.

그러한 상황에서도 우리의 주인공 세종은 여성, 노비, 노인, 죄수 등 약자들의 인권에 관심을 갖는다.

세종은 일찍이 여성들의 인권에 관심을 가지고 의녀제도(醫女制度)를 대폭정비하고 확장한다. 세종은 당시 여성 환자들이 남자 의사들의 진료를 받는 일을 꺼려하여 병이 악화되거나 심지어 죽는 일까지 발생한다는 보고를 듣고, 도성(都城)에 한정되어 실시되던 여의(女醫) 제도를 전국적으로 확대 실시토록 한 것이다. 세종은 허도의 제안을 받아들여, 충청도 경상도 전라도 등 지방에서 선발해 올린 관비(官婢)들을 제생원(濟生院)으로 보내어 침구(鍼灸)와 조제법(調劑法)을 가르친 후 다시 그 본거지로 내려 보내어 그 지역의 부녀(婦女)를 치료토록 했던 것이다.(세종실록05/12/04)

여성의 인권에 관심을 두었던 세종은 노비(奴婢)의 인권에도 눈을 돌린다. 세종은 여성 노비의 출산휴가를 대폭 늘려 준 것이다. 세종은 단 7일에 불과하던 공노비(公奴婢)의 출산 휴가를 출산 전 1개월, 출산 후 100일로 늘려준다.(세종실록12/10/19) 그리고 4년 후에는 남편 노비에게도 30일의 출산휴가를 주도록 조처한다.(세종실록 16/04/26) 오늘날의 출산휴가에 못지않은(남편의 경우는 그것을 능가하는) 보기 드문 파격적인 조처라 아니할 수 없다.

그 밖에 세종은 노인들의 인권에도 관심을 기울여 노인을 공경하는 일에 정성을 다한다. 조선시대의 노인은 효 사상 덕분에 오늘날에 비해 훨씬 공경을 받는 입장이었으나 심신이 연약한 고로 위로와 보호를 필요로 했는데, 집안이 가난하거나 혹은 노비 출신들은 특히 그러했다.

이에 세종은 "나이 많은 사람을 존경해야 효제의 풍속이 두터워진다."(세종실록17/06/21) 고 가르치면서, 90세 이상의 노인에게 관직과 봉작을 제수하기도 하고, 특히 천인(賤人)의 경우에는 90세가 되면 남녀 모두에게 각각 쌀 2석을 내려주고, 100세가 넘으면 남녀 모두 천인의 신분을 면해 주면서, 남자에게는 7품을, 여자에게는 봉작을 주어 위로했다.(세종실록17/06/21) 그 뿐이 아니다. 세종은 관례에 따라 양로연(養老宴)을 베풀었다. 그 양로연에는 신분을 따지지 않고 모든 노인들이 참여토록 하였는데, 노인들이 매우 흡족해 하는 등 조야의 호응이 대단했다.

이렇게 약자들의 인권에 관심을 가지기 시작한 세종은 죄수(罪囚)들의 인권에도 관심을 돌린다. 세종은 죄수들도 천민(天民)이라 여겼던 분이다. 그들을 불쌍히 여긴 세종은 "때가 바야흐로 한 더위라 죄수를 옥중에 갇혀 있게 함은 진실로 가엾다." 하시며 신속한 재판을 명하고, 가벼운 죄수들은 보석으로 석방토록 하는 등(세종실록 16/06/04), 죄수들에 대해 지속적인 관심을 보였는데, 결국 다음과 같은 지시를 내리고 법전과 감옥을 대폭 정비한다.

"옥이라는 것은 본래 악한 것을 징계하자는 것이요 사람을 죽게 만드는 것이 아니다. 그런데 옥을 맡은 관리가 마음을 써서 규찰하지 아니하여 옥에 갇힌 사람들이 혹은 병에 걸리고 혹은 얼고 굶주리나 혹은 옥졸의 핍박과 고문으로 인하여 원통하게 생명을 잃은 자가 없지 않다. 지금 서울 안의 옥수로서 죽은 자가 있거든 죄의 경중을 분별할 것 없이 모두 다 사연을 갖추어 아뢰라."(세종실록 19/01/23)

이러한 정신에 따라 세종은 법률을 정비시킨다. 그는 '육전수찬색(六典修撰色)'을 설치, 속육전 6책, 등록 1책, 신찬경제속육전 6권, 등록 6권 등을 편찬토록 하여 속육전을 완성하고, 형벌제도를 정비, 흠휼정책(欽恤政策)을 시행하였다. 그는 양옥(涼獄), 온옥(溫獄), 남옥(男獄), 여옥(女獄) 등에 관한 구체적인 조옥도(造獄圖)를 각 도에 반포하였고, 옥수들의 더위와 추위, 위생 등을 고려한 법을 유시하였던 것이다.(세종실록84/21/2/2)

- 복지 혜택
이렇게 약자들의 인권에 관심을 가지고 그들의 인권 신장을 위해 다양한 노력을 기울인 세종은 백성들의 복지(福祉)에도 게을리 하지 않는다. 세종은 왕으로 취임하자마자 곧 굶주리는 백성이 없도록 엄히 단속한다.

"백성이란 것은 나라의 근본이요, 백성은 먹는 것을 하늘과 같이 우러러 보는 것이다. 요즈음 수한풍박의 재앙으로 인하여 해마다 흉년이 들어 환과고독과 궁핍한 자가 먼저 그 고통을 받으며, 떳떳한 백성까지도 역시 굶주림을 면치 못하니 너무도 가련하고 민망하였다…… 슬프다. 한 많은 백성들의 굶어죽게 된 현상은 부덕한 나로서 두루 다 알 수 없으니, 감사나 수령으로 무릇 백성과 가까운 관원은 나의 지극한 뜻을 본받아 밤낮으로 게을리 하지 말고 한결같이 그 경내의 백성으로 하여금 굶주려 처소를 잃어버리지 않게 유의할 것이며, 궁벽한 촌락에까지도 친히 다니며 두루 살피어 힘껏 구제하도록 하라. 나는 장차 다시 조정의 관원을 파견하여 그에 대항 행정상황 조사할 것이며 만약 한 백성이라도 굶어 죽은 자가 있다면 감사나 수령이 모두 교서를 위반한 것으로써 죄를 논할 것이다."(세종실록1/02/12)

세종의 최대의 관심사는 굶주리는 백성을 없애는 것, 백성들을 배불리 먹이는 것이었다. 오죽했으면 '백성은 먹는 것을 하늘처럼 우러러 본다.'고 했겠는가? 이렇게 관원들을 독려하며 백성들의 먹을거리에 온 힘을 기울였지만, 세종 취임 후 거의 7년 동안 흉년은 계속된다. 이에 세종은 보다 근본적인 먹을거리 대책을 위해 '농사직설(農事直說)'을 편찬하고, 혼천의(渾天儀), 측우기(測雨器) 등 각종 기기(機器)들을 만들어 농업 생산성을 높이는데 주력하는 한편, 기근 대책도 만전을 기하도록 한다.

우선 세종은 판중추원사 안순의 제안과, 즉위 초년 황희가 강원도에 행했던 사례를 토대로 하여 다음과 같은 구휼원칙을 세운다.[39]

첫째, 기민구휼 장소를 남자와 여자, 환자와 건강한 자를 구분하여 설치하라. 기민일수록 더욱 더 체면을 지켜주어야 한다. 무엇보다 "그들의 마음을 편하게 해 주는 것"이 제일 중요하다.

둘째, 그들이 어디서 왔는지 묻지 말라. 고향을 떠나 돌아다니는 그들의 자취를 묻기 시작하면 비록 배가 고파도 올 수 없는 경우가 있기 때문이다.

셋째, 아전이 아니라 마음 착한 중들에게 음식을 나눠주는 일을 맡겨라. 아전들에게 맡기면 "구휼한다는 이름만 있고, 그 실상이 없을 수 있기 때문"이다.

넷째, 구휼과 관련해 포상과 상벌을 시행하라. 그래야 수령과 아전이 적극적으로 기근 구제에 나설 것이다.

끝으로, 관찰사에게 그 일을 위임하라. 중앙에서 모든 상황을 알 수도 없을뿐더러 시의 적절한 대응을 취할 수도 없기 때문이다.(이상, 세종, 19/1/2)

이와 함께 세종은 굶주리는 백성을 진휼하기 위해 아래와 같이 직계 자녀들의 과전을 감하는 조치를 단행 한다. 다음은 그 조치에 관한 임금과 승지들 간의 대화다.(세종 76/19/1/12).

---

39) 세종, 실록 밖으로 행차하다. 앞의책, 275쪽.

세종 : 천재와 지이(地異)의 있고 없는 것은 인력으로 할 수 없는 것이지만, 배포조치(配布措置)를 잘 하고 못하는 것은 사람의 힘으로 다 할 수 있는 것이다. 내가 덕이 없는 사람으로서 큰 기업을 이어 받아 능히 치평을 하지 못하며, 아래 백성들이 굶어 죽게 되었으니 어찌 할 바를 알지 못하여 장차 깊은 못에 떨어질 것만 같다. 자손이 번성하고 많은 것이 경사라고는 하지만은, 한갓 천록(天祿)을 허비하고 영선(營繕)이 또한 많아, 감응(感應)으로 부른 재앙이 있는가 생각되어 내가 심히 부끄럽다. 그 나머지 종성(宗姓)들의 과전은 갑자기 감할 수 없으므로 친아들 친손자의 과전(科田)을 감하려고 하는데, 여러 사람의 뜻은 어떤가?

　승지들 : 대군과 부마의 과전은 특별한 은전으로 주는 것이 아니라 국가에서 공도(公道)로 행하는 실전이니, 주공이 부하게 한 것처럼 하는 것이 마땅합니다. 옹실의 의친(懿親)을 내려서 여러 과(科)와 같이 한다는 것은 온당치 못합니다. 만일 그렇다면, 각 품의 과전을 일체 차등 있게 감하면 거의 사리에 합할 것입니다.

　세종 : 백관의 정 1품 과전이 1백 50결인데, 대군의 밭이 3백결이나 너무 많은 것 같다. 비록 50결을 감하더라도 각 품에 비교하면 오히려 100결이 더 하니, 어찌 차등이 없다고 하겠는가? 진양대군 이유, 안평대군 이용, 임영대군 이구는 전에 받은 과전 300결에서 각각 50결을 감하고, 부마 연창군 안맹달은 전에 받은 과전 250결에서 역시 30결을 감하라. 금후로는 대군의 밭은 250결에 지나지

말게 하고, 여러 군의 밭은 1백 80결에 그치게 하라. 이 토전을 감하는 것이 어찌 천견(天譴)에 답하고 백성의 굶주림을 구제할 수 있겠는가마는, 그러나 공경하고 두려워하기를 심하게 하매, 이렇게 하지 않을 수가 없다.

이러한 세종의 생각은 호조를 통해 영구한 법으로 만들어진다. 세종은 굶주리는 백성을 위해 자신의 자녀들이 땅을 내놓도록 하는 솔선수범을 보인 것이다. 요즈음으로 말하면 구호성금을 땅으로 내 놓도록 조처한 것이다. 그 구호성금이 작은 땅은 아니지만, 기근(饑饉)을 막기에는 절대적으로 역부족이었을 것이다. 그렇지만 가만히 있는 것 보다는 무엇인가 작은 일이라도 일단 솔선수범을 통해 시작하면 그 효과는 만만치 않게 된다. 세종의 이러한 조치가 리더로서의 신뢰를 얻게 하고 백성들의 사기(士氣)에 미치는 영향은 과소평가할 수 없을 것이며, 또 그것은 당연히 백성들을 하나로 묶어내는 일에 힘을 보탤 것이다.

이러한 기근대책 외에, 세종은 백성들의 의료복지에도 심혈을 기울인다. 세종은 백성들의 건강에 관심을 가지고, '향약채집월령(鄕藥採集月令)' '향약집성방(鄕藥集成方)' '의방유취(醫方類聚)' 등 의학서를 편찬토록 한다. 향약채집월령은 수백 종의 우리나라 약재들에 대한 약물학적 내용을 수집한 것이고, 향약집성방은 우리나라 약재로서 병을 고치기 위한 고유한 처방들을 종합 정리하고 있는데, 959종의 병에 대한 치료예방법 10,706개의 조항과 침구법 1,479조항이 실려 있다. 특히 1445년 간행된 의방유취는 병을 89개 부문으로 분류하여 병의 증세와 발생원인, 그리고 치료법 등을 자세히 기록하였으며, 당시까지 간행된 153종 안팎의 의학책들을 부문별로 묶어 놓아 동양의학(東洋醫學)의 최대 집성이고 세계 최초의 의학백과전서였다.(조선통사, 상, 343쪽).

그 밖에 세종은 유명무실해진 제생원(濟生院)을 활성화시켜 버려진 아이들이나 유아들을 수용하고 보호하였다. 종래 서울 안에서 버려진 아이들은 재생원의 노비들에게 맡겨 기르게 했는데, 이들은 대부분 생활이 군색한 사람들이어서 아이를 제대로 보살피지 못했다. 이에 세종은 제생원의 옆에 집 3칸을 지어서 각각 온돌방, 서늘한 방, 밥 짓는 곳으로 쓰게 하는 한편, 제생원의 노비 각각 1명씩과 양민과 천인 중에서 꾸준한 마음이 있고 자원하는 사람에게 일정한 급료를 주면서 구호하게 한다.[40]

그리고 아이들에게는 국가에서 겨울철에 덮을 것과 소금, 장, 진어, 젓갈, 미약 등의 물건을 모두 넉넉히 지급토록 지시한다.(세종실록17/06/22). 또 어린 아이 버린 자를 고발하면 상을 주고(세종실록 17/09/06), 버린 아이를 받아 기르려는 자가 나타나면 그 사람의 인적 사항과 아이의 인수인계 일자를 적은 후 넘겨주어 기르도록 한다.(세종20/03/20)

이와 같이 세종의 인권대책과 복지대책은 탁상공론도 아니고 전시 행정도 아닌 백성들에게 실질적으로 혜택이 주어지는 것이었다.

---

40) 박현모, 앞의 책, 330쪽

3) 공세적 교린정책과 사대외교의 허실

양민의 한 축인 국리민복에 엄청난 성과를 거둔 세종은 양민의 또 하나의 축인 백성의 생명과 생업의 안전, 곧 대외안보에도 만전을 기한다. 세종의 눈높이는 백성의 안위와 민생의 안정에 있었다. 그래서 그는 북쪽의 여진과 남쪽의 왜구에 대해 교린외교(交隣外交)를 천명하면서도 매우 공세적 입장을 견지한다. 그것은 북녘과 남녘에서 여진과 왜가 때때로 적지 않게 조선의 백성들을 괴롭혔기 때문이다. 그에 대해 세종은 물러나거나 타협하지 않고 공격이 최선의 방어라는 신념으로 그들을 물리친다. 이와 함께 세종은 명에 대한 사대 외교에 매우 적극적으로 나선다. 그가 인접국에 대해 공세적인 교린 책을 취할 수 있었던 것은 준비된 군대와 당시 동양의 최고 패권 국가였던 명과의 사대외교를 지렛대로 이용할 수 있었기 때문이다.

- 대마도 정벌과 4군 6진의 설치

시의 적절한 개혁은 국민통합과 경제성장을 가져오고, 그것은 또 대외관계의 안정 및 팽창으로 이어져 다시 국민통합과 경제성장으로 이어지는 정치과정의 선순환(善循環)을 기대할 수 있게 되는데, 이러한 선순환의 고리는 세종 대에 이르러 최초로 그 모습을 드러낸다.[41]

---

41) 이하, 국방정책, 정영현, 앞의 책, 56-60. 참조.

왕권(王權)과 신권(臣權)을 조화시키면서 백성통합을 이끌어 내고, 생산성 제고와 합리적 세제, 그리고 훈민정음 창제 등을 통해 백성의 웰빙을 지향하던 세종의 애민정책은 대외정책으로까지 이어진다. 왜냐하면 국토의 남녘에서는 왜구(倭寇)가, 국토의 북녘에서는 여진족(女眞族)이 준동하여 주민들을 약탈하고 살육을 자행하고 있었기 때문에 백성을 아끼던 세종으로서는 그러한 일들을 묵과할 수 없었다.

사대교린의 외교정책 중 교린의 일환으로서 조선조는 애초에 일본상인들의 조선국내 거주(居住)와 무역(貿易)을 허용하였다. 그러다가 그들의 횡포가 심해지자 15세기 초 조선조는 부산포와 내이포(창원군)만을 개방, 일본인들이 무역활동에 제한을 가하였고, 무역을 할 수 있는 일본 봉건영주들의 수(數)와 상선(商船)을 제한하였다. 그러나 일본인들은 조선조가 정해준 규정을 무시하고 밀무역, 기밀탐지, 해적행위 등을 감행하여 주민들을 괴롭히는가 하면, 급기야는 해적선 수백 척을 동원, 충청도의 비인현(서천군)과 황해도 연안지역에 침입, 약탈과 살육을 자행하였다. 이에 태종의 대마도정벌 의지를 받아들인 세종은 해적선(海賊船)의 소굴(巢窟)이 되고 있던 쓰시마정벌을 단행, 가옥 2007호를 소각하고 선박 124척을 불살랐으며 20척을 노획하는 성과를 거두었다. 당시 조선 원정군은 함선 227척, 병력 17,285명으로 이종무가 지휘하였다.[42]

이후 조선조는 무역허가증을 발급, 통제하였고, 부산포 내이포

---

42) 조선통사(하) 309-312 참조

염포(울산군) 등 3포를 개방하여 그 거류민 수를 제한한다. 그리고 그 후 체결된 계해약조(癸亥約條)에서는 이러한 통제가 더욱 엄격해져 일본 봉건영주들과 상인들은 쓰시마를 통해서만 무역하되 무역선은 1년에 50척으로 제한하였다. 당시는 류뀨(오끼나와)와도 무역하였는데, 일본이나 류뀨상인들은 조선조에서 생산되지 않던 금속류(동 납철 주석 유황 등 무기와 화학제조에 필요한 것)나 약재와 향료(서각, 후추, 육계 장뇌 침향 정향 등) 및 양반관료들의 소모품(소목 주홍 등의 물감)을 들여왔다. 반면 그들은 쌀 무명 베 모시 명주 등 천류와 나전공예품, 도자기 꽃돗자리 인삼 모피 해송자 유교 및 불교의 경전 역사책 범종 부처 등을 가져갔다.[43]

이러한 교린정책의 대상으로는 남녘의 왜인 외에 북녘의 여진족이 있었다. 당시 두만강과 압록강 유역을 중심으로 조선조 국경 지역에 살고 있던 여진족은 15~16개 정도였다. 그들은 반농 반수렵적 경제생활을 영위하고 있었는데, 조선조는 원칙적으로 이들에게 평화적인 조공무역(朝貢貿易)을 허용하였다. 그리하여 경원(경흥)과 경성에 무역소를 설치하여 무역을 허락하였고, 조공하러 서울에 오는 추장 일행을 위해 동평관까지 설치, 우대하였다.

그러나 이러한 회유정책에도 불구하고 길림지방에 살면서 명나라로부터 건주위라는 칭호를 받은 여진족이 여연군 일대를 침입, 많은 식량과 마소 그리고 주민들을 납치해 갔다. 이에 조선조는 두 차례에 걸친 원정을 단행, 여연 자성 무창 우에 등 4군(四郡)을 설치

---

43) 위의 곳

하였다. 이렇게 압록강 연안의 방비를 하는 것과 동시에 동북방의 두만강 연안의 방비에도 나서, 역시 반항하거나 노략질하는 여진족을 정벌, 경원 회령 종성 경흥 온성 부령 등 6진(六鎭)을 설치하고 사민정책(徙民政策)을 실시했다. 당시 이 지역의 방비를 맡았던 김종서에 의하면, 4진 개척(온성 부령은 나중에 설치)을 위해 한 사람의 백성에게도 채찍이 가해지지 않았으며, 한 사람의 서리에게도 형벌을 준 일이 없건만 불과 몇 달 사이에 수만 명의 민중이 북방으로 몰려왔다고 한다.[44]

물론 한시적(限時的)으로 조세와 공납, 부역 등을 면제해준 것이 주효했던 것 같으나 많은 백성들이 자진해서 이주했다는 것은, 사실은 백성들의 지도자에 대한 신뢰가 두터웠다는 반증이리라. 어쨌든 4군 6진의 개척으로 국토의 확장과 함께 북녘을 흐르는 압록과 두만의 두 강을 국경으로 삼게 됨으로써 천연적 요새가 북방 경계선이 된 셈이었다.

이러한 공세적 교린정책을 통한 국토의 안정은 농민들의 평화적 생산 활동을 진작시켜 생산력의 증진을 통한 국가재정의 충실과 농민생활의 안정에도 기여했음에 틀림없다. 예컨대 1419년의 쓰시마정벌은 당시 쓰시마를 거점으로 해적 행위를 일삼던 왜구를 정벌함으로써 서남해안의 넓은 지역의 농경지를 복구 개간할 수 있었고, 북방의 영토 확장 역시 국방의 강화와 농경지의 확대를 동시에 일구어낸 일석이조의 효과가 있었다. 게다가 사민정책은 국토를 영구히

---

44) 조선통사(상) 311-315 참조

하겠다는 포석이면서 동시에 생산력 향상 및 안민을 꾀하는 정책으로서 당시로서는 비교적 용감하고 탁월한 선택이었다.[45]

- 대명(對明) 사대외교의 허실

한편 조선조는 처음부터 명나라에 대해 저자세 외교로 나아간다. 조선의 개창자들은 명으로부터 신왕조의 개창에 대한 승인을 얻고자 했고 나라이름까지도 명에 물어서 조선으로 정했던 것이다. 그럼에도 명나라의 간섭이 까다로워지자 정도전 등은 요동을 정벌한다는 목표를 세우고 진법훈련을 실시하기도 하였다. 그렇지만 신왕조 초기에 이방원의 쿠데타를 계기로 요동정벌파가 실각하면서 대명 사대외교는 조선조 내내 저자세로 일관하게 된다.

조선은 능동적으로 명나라와 조공관계를 맺는다. 조공관계란 종속국이 칭신(稱臣)하고 그 표시로 공물(貢物)을 바치며, 종주국은 그에 상응하는 보답을 하는데 그치며 종속국의 내정에 간섭하거나 직접 지배를 하지 않는 관계를 의미한다.[46] 이는 당시 국제관계상 현실적 힘을 인정한 실리외교였다. 조선조 건국세력은 역성혁명에 따른 정통성(正統性)의 취약성을 당시 동북아의 새로운 패권국가로 등장하던 명의 권위를 빌어 극복하면서, 나아가 패권국과의 지속적 조공관계를 통해 약소국의 안전보장체제를 유지함으로써 야인이나 일본의 위협에도 효과적으로 대응하는 길로 여겼던 것이다.[47]

---

45) 정영현, 앞의 책, 58쪽
46) 전해종, (1970) 21쪽
47) 최동희, (2004), 29-30쪽

그런데 이러한 조공활동은 사실상의 무역활동이기도 했다. 당시는 무역이 극히 제한적이었고, 일반인의 무역행위는 원칙적으로 금지되어 있었다. 그래서 명은 조공물에 대한 회사품(回賜品)을 넘치도록 지급하였는바, 이에 조선은 명이 원하는 이상으로 조공을 바쳐 더욱 넘치는 회사품을 받아 오는 실리를 취한 것으로 알려져 있다. 명은 조선에 비해 물자가 풍족했으므로 교역을 위해서라도 조선은 잦은 조공사절의 파견을 수행하였던 것이다. 예컨대 정규사절로는 동지사(冬至使) 정조사(正朝使) 성절사(聖節使) 천추사(千秋使) 등의 사절행이 있었고, 비정규 사행인 사은사(謝恩使) 주청사(奏請使) 진하사(進賀使) 진위사(陳慰使) 진향사(進香使) 등은 일이 있을 때마다 파견되었다.

이러한 사절사 일행은 초기에는 정관 8-9명이었으나, 나중에는 30-40명에 이르렀고, 기타 수행원까지 하면 수 백인에 달하였다 한다. 그들이 다량의 조선의 물품을 가지고 명에 가서 명의 물품과 교환하여 돌아오므로 조선 사절단이 머무는 회동관(會同館)에는 수일동안 시장이 열리는 일이 벌어지기도 했다니, 이것이 16세기 이후 사무역(私貿易)으로 크게 번성하게 된 것은 자연스러운 일이었을 것이다.[48] 이러한 공·사무역을 통해 정부는 필요한 물자를 조달하고 백성들은 일용품을 공급받게 됨으로써 조선조는 보다 선진적인 새로운 문물을 접할 수 있는 기회를 가질 수 있었던 것이다.

---

48) 위의책, 36쪽

02 신료의 열정관리

1) 동기유발

- 능력주의와 투명성

　세종이 열정과 충성심이 있는 자, 혹은 재주와 덕을 가진 자를 고루 선발하여 그들을 정치와 행정의 동반자 내지는 동역자로 간주하고 함께 나라와 백성을 이끌어 간 사실에 대해서는 누차 지적한 바다. 이렇게 동반자 내지는 동역자로 여긴 사실이 리더로서의 신뢰를 얻고 백성 통합에 기여했음은 물론이요, 그것이 또 동기부여(動機附與)가 되어 신료들의 열정과 능력을 최대한 발휘토록 했을 것이라는 사실은 불문가지의 일이다.

　세종이 취한 또 하나의 동기부여책은 능력과 성과주의에 근거한 투명한 인사제도였다. 세종시대 조선의 인사제도는 순자법(循資法)과 행수법(行守法)이 있었다. 순자법은 경력제로서 근속연월에 따라 승진시키는 제도요, 행수법은 능력제로서 직급에 구애받지 않고 관직을 주는 제도다. 즉 원칙적으로 모든 관직에는 그에 따른 직급(職級)이 정해져 있었으나, 경우에 따라 직급은 낮은데 높은 관직에 임용되면(階卑職高) '수(守)'라 했고, 직급은 높은데 낮은데 임용되면(階高職卑) '행(行)'이라 했다. 그리고 음서제(蔭敍制)를 축소하고 과거제(科擧制)를 확충한다. 세종은 경력과 능력에 따른 투명한 인사정책으로 신료들의 동기를 유발한 것이다.

이러한 동기 유발 책은 신분을 초월한 파격적(破格的)인 인재등용으로 확대된다. 조선 초는 지배계급이 자신의 특권을 독점하려는 의지에서 의관(醫官), 역관(譯官), 산관(算官) 등 특수 기술직 인재들은 관료의 신분을 유지하더라도 엄격히 차별되는 중인(中人) 신분으로 고정시켰다. 그런 마당에 세종이 관노(官奴)출신인 장영실을 파격적으로 발탁한 것은 지배계급에게 가히 충격적인 조치가 아닐 수 없다. 세종은 그런 충격요법마저 활용함으로써 어느 계급, 계층을 막론하고 자기 능력 이상을 발휘하는 자는 스카우트 대상이 될 수 있다는 자극제가 되도록 하고 싶었던 것 같다. 세종은 조선이라는 신생 조직 안에 최상의 생산성과 창조적인 분위기를 만들어내고자 했다. 세종은 장영실을 통해 한 사람에 대한 기대가 다른 사람의 행동에 커다란 영향을 미치는, 지극히 단순한 인간 심리에 근거한 원리를 동기부여책의 하나로 내세운 것이다.[49]

세종의 리더로서 가장 뛰어난 면모는 그가 팀원들이 자신의 잠재력을 발휘하는데 걸림돌이 되는 모든 장애를 제거하는 데 앞장

---

49) 전경일, 창조의 ceo, 세종. 271쪽.

섰다는 점이다. 예컨대 서울 근무자들(경관)과 지방근무자(외관)간의 승진 기간이 같지 않음을 문제시하여 이를 형평(衡平)에 맞게 법제화 해 나간 것은, 경관직 외관직 모두에게 불안감을 불식시켜 주고 큰 기대감을 심어주는 동기부여 책이라 할 수 있다. 또 세종은 처음부터 모든 일에 전문가가 아니었던 사람들을 끌어 모아, 그들을 전문가 집단으로 만들어 냈는데, 팀원들 스스로 자신이 변하는 것을 보게 되는 것,[50] 이것이야말로 가장 강력한 동기부여 책의 하나가 아닐 수 없다. 진정 위대한 리더는 자신이 속한 공동체의 추종자들을 각기 어떤 분야에서건 하나의 위대한 리더로 성장시켜 주는 자이다.

- 집현전의 특대

세종의 파격적이고 미래지향적인 인사 정책은 천하의 인재들이 조정에 출사하는 계기가 된다. 특히 조선조의 개창에 반대하던 지식인의 후예들이 세종 대에 이르러서는 과거에 급제하기 시작한다. 그런데 세종은 이렇게 발굴한 인재를 적재적소에 심는 한편 그들의 열정을 관리하고 사기를 높여주는 일에 진력한다. 이러한 인재관리 중에서도 세종 자신의 통치에 자문하고 도움을 줄 수 있는 집현전 학사들에 대한 배려는 각별한 데가 있었다.

당시 집현전은 별도의 관사도 없이 명목뿐인 관직이었는데, 없던 관사를 궁중에 설치하고 정1품 영전사로부터 정9품 정자에 이르기

---

50) 위의 책, 258-259쪽

까지 14개 직급을 정비, 세종 2년부터 세조 즉위 후 폐지될 때까지 수많은 인재를 배출하며 조선조를 유교적 정치사회 질서로 바꾸는 데 크게 기여한다. 예컨대 세종 대에는 임금과 더불어 경사를 논하고 각종 서적을 출간했으며 훈민정음 창제과정에서도 상당한 역할을 수행하였다. 그리고 훗날 세조의 찬위(簒位)를 둘러싸고 공방이 벌어질 때에는 의리의 표본으로서 핵심적 역할을 수행하였다.

집현전의 설치는 다 목적용이었다. 우수한 인재를 선발하여 씽크탱크를 만들고 숭유정책을 효율적으로 추진하는 한편, 고려 조정에 대한 의리를 저버리지 못하는 지식인들 및 그 후예들을 끌어들여 대통합을 이루고자 하는 원대한 뜻이 있었던 것이다.

그래서 세종은 신료들을 뽑아놓고 방치하지 않고, 신료들의 사기를 진작시키는 일에도 힘을 다한다. "백성들의 평범한 삶을 위해 왕과 신료는 비범한 노력을 해야 한다."[51]는 것이 세종의 평소 신념이었다. 그래서 세종은 신료들이 비범한 노력을 다하도록 그들의 사기를 높이고 대우하는 일에 최선을 다한다.

"한 시대의 정치가 흥왕하려면 반드시 일대의 영특한 인재가 있어야 하고, 만세의 큰 공을 세웠으면 반드시 일대의 특이한 은총을 주어야 한다."(세종실록 06/07/11)

"교화를 선포하고 문화를 일으키는 데에는 진실로 큰 선비에게

---

51) 박현모, 세종의 수성 리더십, 165쪽

힘입는 것이요, 덕 있는 이를 높여주고 어진 이를 존대하는 데에는 마땅히 특별한 휼전을 더할 것이다."(세종실록 06/07/18)

이러한 세종의 의지에 따라 집현전 학사들은 파격적인 대우를 받는다. 세종은 집현전 구성을 마친 후 노비와 서리를 배치하였고, 집현전 직제학에게는 고위관리들이 타는 수레와 안롱(鞍籠, 두꺼운 기름종이로 만든 비우산)을 허용한다. 집현전 학사들에게는 형편에 따라 일종의 보너스를 하사하기도 했으며, 집현전 건물의 신축에 이어 특별 도서관인 장서각(藏書閣)도 갖추어 준다.

집현전관은 겸관이나 전임관 모두 당대 일류학자로서 제수되었다. 특히 부제학 이하에 결원이 생기면 차하위 관원이 차례로 승진하는 차차천전(次次遷轉)에 의하여 충원되고 최하위의 관원만을 신규로 제수하였는데, 이 관원에는 집현전 당상, 이조, 의정부가 나이 어린 문사로서 재행이 뛰어난 인물을 의논하여 천망(薦望)하는 절차를 거쳐 제수했다. 집현전관은 일단 제수된 뒤 다른 관아로 체직됨이 없이 차례로 승진하여 직제학, 부제학에 이르렀고, 그 뒤에 육조, 승정원 등으로 진출하기도 했다. 또 집현전 학사는 그 본연의 목적과 관련되어 부제학 이하 모두가 조회 시에는 해당 품계의 관직에서 가장 앞 반열에 서는 본품행두(本品行頭)의 우대를 받았다.[52]

그 외에도 국왕이나 왕세자가 주야를 가리지 않고 불시에 집현전을 방문하여 학자들을 격려하는가 하면, 신간 도서의 사급, 각종 기

---

52) 집현전, 네이버, 'Encyclopedia'

호품과 주찬 등의 사물이 그치지 않는 등 우대와 환대를 받았다.[53]

집현전은 학문 연구 기관으로서 제도적으로는 도서의 수장(收藏)과 이용의 기능, 학문활동(각종 문헌 연구)의 기능, 그리고 국왕의 정책자문에 대비하는 기능 등을 가진다. 37년간 존속된 집현전은 대체로 다음과 같은 3단계의 변화를 겪는다.[54]

제1기(세종2-9): 전 시기를 이끌어나갈 대부분의 기능이 선보였고, 학문적 수련을 쌓아 자기 충실을 기한 시기이다. 이 시기에 집현전은 경연관, 서연관, 종학교관, 강서원관 등으로 시강과 왕실 교육담당, 사대문서 작성, 가성균관직(假成均館職, 성균관의 임시관직)으로서 명나라 사신의 접대, 사관으로서 사필담당, 시관으로서 예조와 더불어 과거 주관, 지제교로서 사명(辭命, 교명, 敎命, 왕이 내린 명령)의 제찬, 국왕의 사자로서 치제(致祭, 제례를 행함), 사장환급(辭狀還給, 각종 공문의 전달과 접수), 사신 문안, 반교(頒敎, 왕의 교시의 반포), 풍수학 연구 등의 직무를 담당한다.

제2기(세종10-18): 집현전의 정원이 32인까지 증원되고, 기능도 확대되어, 유교주의적 의례, 제도, 문화의 정리사업이라 할 수 있는 고제연구와 편찬사업을 시작해 가장 활기찬 시기였다.

의례, 제도의 상정(詳定)을 위한 고제 연구에는 예조, 의례상정소도 함께 참여하였다. 특히 집현전의 고제연구는, 의례, 제도의 근본적인 것을 상정하기 보다는 의례, 제도의 실제상에 생기는 지엽적이고 부차적인 문제 해결을 위한 것이 많았고, 또 수시로 당면하는 정

---

53) 위의 곳.
54) 이하, 집현전의 변화, 위의 곳.

치, 제도적인 문제의 해결에 참고하기 위한 것이었으며, 그리고 세종의 독단적인 시행 강행의 도구(중신의 반론을 물리치는 명분 제공)가 된 점 등의 특징을 보인다.

편찬사업은 정치에 귀감이 되고 후세에 영감(永鑑)하기 위한 우리나라와 중국의 각종 사서의 편찬과 주해 사업이 주류였다. 그 결과 '치평요람', '자치통감훈의', '정관정요주', '역대병요', '고려사', '고려사절요', '태종실록', '효행록', '삼강행실도', '오례의주상정', '세종조상정의주찬록' 등이 편찬되었고, 훈민정음과 관련해서는, '운회언역', '용비어천가주해', '훈민정음해례', '동국정운', '사서언해' 등을 편찬한다. 이러한 편찬사업은 세종대의 황금시대를 이룩하는 원동력이 된다.

제3기(세종19-세조2): 집현전의 정원이 20명으로 축소되고, 집현전이 점점 정치성을 띠어 가던 시기이다. 특히 세종 24년 세종의 신병으로 인해 세자의 정무 처결 기관인 첨사원(詹事院)이 설치되면서 학사들은 종래의 서연직 외에 첨사원직까지 전담하게 되어 정치적 영향력이 커지게 된다. 이와 함께 언론활동이 활발해져, 자문에 응하는 정도가 아닌, 국가시책 논의에 참여하는 빈도도 늘어난다. 그리하여 문종 즉위 후에는 대간 진출의 본거가 되어 호간고론(好諫高論)의 집단으로 변한다.

그러나 이러한 기능의 변천은 의정부, 육조, 사헌부, 사간원 등의 기능과 상충되거나 보완적이 되어 집정대신에 대해 비판적이고 대립적인 경향을 띠게 된다. 이것이 수양대군을 왕으로 인정하지 않는 학사들을 배출하는 원인이 되었고, 수양이 국왕에 취임한 후에는 또 그 호간고론(好諫高論)의 기질이 수양의 왕권강화책을 인내할 수 없었다.

이와 같이 집현전은 영특한 인재들로서 세종의 특이한 은총을 입었고, 국정의 여러 분야에 투입되어 일세를 풍미했다.

그러나 세종은 집현전 학사들의 연구 활동에 가장 깊은 관심을 갖는다. 그래서 세종은 집현전 학사들이 마음껏 공부할 수 있도록 귀중한 서책도 구해 우선적으로 보내 주었고, 사헌부의 집현전 학사에 대한 규찰(糾察)을 금했으며, 학사들에게는 사가독서제(賜暇讀書制)를 실시하는 등 충분한 자유도 허락한다. 특히 사가독서제는 오늘날의 안식년 제도에 비견되는 것으로, 일상 업무에 구애받지 않고, 마음껏 원하는 연구를 하도록 배려한 최고의 동기부여 책이다.

"집현전 부교리 권제와 저작랑 신석조, 정자 남수문 등을 불러 명하기를, '내가 너희들에게 집현관을 제수한 것은 나이가 젊고 장래가 있으므로 다만 글을 읽혀서 실제 효과가 있게 하고자 함이었다. 그러나 각각 직무로 인하여 아침저녁으로 독서에 전심할 겨를이 없으니, 지금부터는 본전에 출근하지 말고 집에서 전심으로 글을 읽어 성과를 나타내어 내 뜻에 맞게 하고, 글 읽는 규범에 대해서는 변계량의 지도를 받도록 하라' 하였다."(세종 ,8/12/11)

이렇게 시작된 사가독서제는 세종 말년까지 학사들이 교대하며 지속되었고, 나중에는 고요한 절에서 독서하도록 정해진다.

"윤대를 행하고 경연에 나아갔다…… '독서하고 있는 사람이 누구인가.' 하니 좌대인 김자가 아뢰기를, '신석조와 남문수입니다.'하였다. 임금이 권제에게 이르기를, '그대도 일찍이 독서하는 반열에 나아갔었으니, 읽은 것이 무슨 글인가' 하니, 권제가 아뢰기를, '중용과 대학입니다.'하였다. 임금이 말하기를, '고요한 곳에서 글을 읽는 것이 무슨 별다른 효과가 있는가' 하니, 권제가 이르기를, '특별히 다른 효과는 없는데 다만 마음이 산란하지 않을 뿐입니다.' 하였다. 김자도 또한 아뢰기를, '집에 있으면 이런 저런 일과 손님을 응접하는 일로 시간을 빼앗기니 산 속에 있는 한가하고 고요한 절만 못합니다.' 하니, 임금이 그대로 따랐다."(세종, 10/3/28)

세종 때 사가독서를 위해 주로 이용된 절은 진관사였다.[55] 이 제도는 세조 2년 집현전의 혁파와 함께 폐지되었다가 성종 대에는 독서당으로 부활하며 별도의 건물까지 갖추게 된다(용산, 남호독서당). 이 독서당도 연산군에 의해 폐지되었다가 중종에 다시 동호독서당(두무포, 옥수동 근처)으로 부활한 후, 70 여 년 동안 조광조, 주세붕, 이황, 정의겸, 정철, 이이, 유성룡, 이항복, 이덕형 등 조선 중기 대부분의 문신학자들을 배출한다.[56]

이와 같이 세종은 집현전 학사들에게 파격적인 대우를 함으로써 그들의 왕도정치 연구에 대한 동기유발을 극대화 시킨다.

---

55) 이한우, 앞의 책, 182쪽
56) 위의 책, 179-180쪽, 참조.

2) 임파워먼트

- 위임경영

　세종은 철저한 목표관리를 전제로 위임경영을 실시한다. 이 제도는 지방 수령의 책임경영효과를 기대한 것이다. 국왕-감사-수령으로 이어지는 일련의 관치행정 계통, 경재소-유향소-면·이임(里任)으로 이어지는 자치행정 계통, 그리고 경저리-영리(營吏)-읍리(邑吏)로 이어지는 이족 계통을 병립시켜 견제와 균형을 통한 지방 운영을 하고자 한다.[57] 이러한 상호견제와 균형의 원리는 리더 자신의 현장성을 확보케 함으로써 경영의 효율성을 기한다.

　이와 함께 세종은 친히 지방의 수령들을 면담해 선정을 당부하면서 그들에게 힘을 실어준다. 이는 변계량, 정초 등의 건의를 받아들인 것이다.

"각도 감사의 수령에 대한 포폄이 맞지 않으니, 대개 편하고 속하게 일을 처리하는 것을 유능한 것으로 평가하여 드디어 실질적인 혜택이 백성에 미치지 못합니다. 원컨대, 이제부터 수령으로 새로 제수되는 자는 전하께서 반드시 친히 인견하시어 현부를 살피신 연후에 부임하게 하면, 수령은 올바른 사람을 얻게 되고, 백성은 실제의 혜택을 받게 될 것입니다."(세종원년/1/30)

---

57) 전경일, 앞의 책, 255쪽

국왕이 친히 인견한 수령들은, 적어도 국왕에게 신임을 받았다는 자부심과 함께 막중한 사명감을 느끼고 자신에게 주어진 업무에 최선을 다할 것이다. 오늘날도 유력한 대선 주자나 대통령 등과 함께 찍은 사진을 사무실에 걸어놓고 은근히 자신들의 힘을 과시하는 것도 같은 맥락일 것이다.

세종이 힘을 실어주는 경우는 비단 지방 수령의 경우뿐만이 아니었다. 우리는 세종 대에 유난히 명 정승들이 많이 배출된 사실을 눈 여겨 볼 필요가 있다. 예컨대 황희, 맹사성, 김종서, 황보인 등을 비롯하여 강희맹, 강희안, 김수온, 노사신, 서거정, 성삼문, 신숙주, 양성지, 유성원, 윤회, 이순지, 정인지 등 그야말로 기라성 같은 인물들이 줄을 잇고 있는데, 이는 세종이 그들에게 각각 직위와 직무에 맞는 권한을 위임하고, 그들의 잠재력을 최대한 발휘토록 최선의 협조를 아끼지 않은 때문임을 놓치지 말아야 한다.

- 제도적 장치: 의정부 서사제

중앙에서의 위임경영과 관련하여 주목할 만한 제도적 장치는 바로 의정부서사제(議政府署事制)이다. 쿠데타로 집권한 태종은 왕권강화책의 일환으로 육조직계제(六曹直啓制)를 실시한 바 있었고, 그 제도는 세종 대에도 이어지고 있었다. 육조직계제는 육조가 국가서무를 분장토록 하여 육조로 하여금 각각 직사를 바로 아뢰게 하고 왕지를 받들어 시행하게 하며, 의논할 일이 있으면 육조장관이 같이 의논하여 아뢰게 하는 제도였다. 이제 의정부는 사대문서(事大文書)와 무거운 죄수를 다시 안핵(按覈)하는 일만 주어졌다.

이 직계제는 정치과정에서 의정부 정승들의 참여범위를 축소시키거나 배제함으로써 강력한 왕권을 유지하려는 의도가 있는 것이었으나, 실제로는 권력이 육조에 분산되어 통일되는 바가 없고 모든 일을 제때에 품승(稟承)하지 못하여 일이 많이 막히고 지체되는 문제가 있었다고 전해진다.

이에 비해 의정부서사제는 육조에서 각각 맡은 직무를 먼저 의정부에 품의하고 의정부에서는 가부(可否)를 의논하여 군왕에게 아뢴 뒤에 분부를 받아서 도로 육조로 돌려보내 시행케 하며, 다만 이조와 병조의 관리 제수나, 병조에서 군사를 쓰는 일, 형조에서 사형수 이외의 형결(刑決)하는 일은 해당 조에서 직접 아뢰어 시행하되 즉시 의정부에 보고하여, 만일 합당치 못한 일이 있으면 의정부에서 반대하고 다시 계문(啓聞)하여 시행토록 함으로써 도학정치이념이 지향하는 군신공치에 보다 근접하는 제도였다.

이 서사제의 시행이 세종의 건강이 악화되어 어쩔 수 없이 시행되었다는 주장도 있으나, 그보다는 신료에게 보다 많은 재량권을 주어 왕도정치를 실현하려는 세종의 의지가 작용한 것으로 보인다. 세종은 군왕중심의 정치과정 보다는 군신공치의 정치과정이 신민의 자발적인 동의를 이끌어 내는 데 있어 보다 효율적이라 보고, 의정부 재상들에게 힘을 실어주려는 것이었다.

- 프로젝트 관리

세종은 과학기술의 개발이나 과학기술을 이용한 국가적 사업에 특위조직을 활용하여 추진력을 배가시키는 모습도 연출한다. 예컨대 각종 토목건축 사업이나 도성의 성곽 수축공사, 혼천의 제작 사업, 그리고 대규모 천문대인 대간의대(大簡儀臺) 설립 사업 등의 경우가 그러하다. 특히 도성 성곽 수축공사는 도성수축도감을 만들어 총 책임자인 우의정 1명, 33명의 제조, 190명의 감영고나, 동원된 인원 39만 명 등 대형 프로젝트였다. 당시 정인지, 정초 등이 고전을 조사하고, 이천, 장영실 등이 그 제작을 감독하였다고 한다.[58]

　이 외에 '팔도지리지' 및 '의방유취'의 편찬사업도 팀 프로젝트로 추진된 사업이었다. 전자는 세종 6년, 변계량이 왕명을 받아 착수, 8년만인 세종 14년에 결실을 본다. 맹사성, 권진, 윤회, 신장 등이 팀원으로 참여하였다. 후자는 김예몽, 유성원, 민보화 등이 1차 기초자료 수집 및 부문별 정리, 여약의 일을 맡았고, 김민, 신석조, 이예, 김수온 등과 의관 전순의, 최윤, 김유지 등이 실무자로 참여한다. 또 안평대군, 이용, 이사철, 이사순 등이 감독관으로, 당대 최고 의학자인 노중례는 총책임자로 감수를 맡는다.

　이러한 방식으로 15세기 초, 세종 대의 과학기술 분야는 유럽. 이슬람 및 중국의 수준을 뛰어 넘는 정도가 되었다. 과학기술의 원형은 고려시대부터 원나라를 통해 들어온 이슬람 기술이었다. 이러한 기술들은 오랜 시간 그리스 로마의 전통이 응축된 핵심기술로서, 세종의 부단한 벤치마킹과 아웃소싱 덕분에 신생 조선에 들어올 수 있었고, 세종의 지휘 아래 원산지에서보다 더 활발하게 우리 기술로 활짝 꽃피울 수 있었다.

---

58) 이하, 과학기술의 발달, 전경일, 앞의 책, 285-287 참조.

세종은 이를 위해 각별한 노력을 기울였다. 리서치 통계자료 등을 통해 국가 경영에 관한 구체적인 데이터를 얻고자 했으며, 세종대를 빛낸 주요 발명품들은 바로 이러한 배경에서 쏟아져 나왔다. 예컨대 조선왕조실록(세종시록)은 강수량의 측정 방법, 결과에 대한 보고, 기록보존 방법 및 제도화 과정에 이르기까지 측우기의 개발 과정을 자세히 기록하고 있다. 이러한 데이터 경영은 천문학 분야의 R&D 활동에서도 빛을 발한다. 세종은 천문연구, 출판 및 관측 시설을 설치해 그 관측 결과를 프로젝트 관리 차원에서 자세한 데이터로 남기게 한다. 나아가 그러한 관측이 국내에서 어려우면 해외에 파견 조사를 시킬 정도였다.

세종은 또 모아들인 데이터와 자료들을 표현함에 있어, 시각적 효과를 최대로 하기 위해 그래픽을 사용했다. 예컨대 '명황계감(明皇誡鑑)'을 본 세종은 그 책에 그래픽(그림)을 집어넣고 시와 논평을 붙여 새롭게 편집. 출판토록 지시한다. '명황계감'은 양귀비와의 사랑 때문에 추락했던 당나라 현종의 사생활을 고발해 후대 왕들에게 충고하려는 목적에서 쓰인 책인데, 현종이 수레에 걸터앉아 밤새 술 마시는 방탕한 장면이 그려져 있는 식이다. 이러한 그래픽의 효과를 살린 책 중의 하나가 바로 '삼강행실도'였다. 우리가 당시의 농기구 등의 그림을 볼 수 있는 것도 이러한 그래픽 효과다. 실로 세종은 시대적 감각을 뛰어 넘는 위대한 리더였다.

03 고뇌의 결단

　세종은 국정을 운영함에 있어 매우 신중을 기하고, 정책결정에 있어 가능한 한 많은 신민들을 참여시키는 집단적(集團的) 의사결정(意思決定)을 선호하는 것처럼 보인다. 이것은 백성의 신뢰를 얻고 통합을 이루어 냄은 물론, 탄력적인 정책의 추진을 도모할 수 있는 좋은 방법이다. 그러나 우리는 세종이 매우 뛰어난 통찰력의 소유자였음을 유념할 필요가 있다. 그는 모든 정책을 집단적 의사결정으로 풀어가지는 않았다. 세종은 다음과 같은 말을 한 적이 있다.

　"무릇 의심나는 일은 여러 사람에게 의논해서 하지만, 의심이 없는 것은 독단으로 하는 것이다. 너희들은 내가 권신에게 재제를 받아 스스로 가부를 결정하지 못하는 것으로 아느냐?"(세종, 30/7/18)

　세종이 집단적 의사결정을 선호한 것은 민본을 위해 신료들과 함께 지혜를 모으기 위해서였다. 그러나 '의심이 없는 것은 독단으로

하는 것이다'라고 한 것으로 보아 나라와 백성을 위해 꼭 필요한 일이라는 확신이 들면 과단성(果斷性) 있게 결단하여 일을 추진하였음을 알 수 있다.

예컨대 세종은 신료들의 말을 잘 경청하면서도, 나라의 안보를 위해 강무(講武)를 실시한 일, 백성을 문맹으로부터 해방시키기 위한 훈민정음의 창제 등에 있어서는 단호했다.

1) 강무의 실시

세종의 의하면, "강무란 것은 군사들에게 활 쏘고 말 달리기를 익히게 하고자 하는 것" 이다. 강무 때는 임금이 친히 참여하고, 종친은 물론 대소신료들과 군사들이 함께 참여하여 군사훈련(軍事訓練) 겸 수렵대회(狩獵大會)를 치루는 것이 관행이다.

박현모 교수에 의하면, 평소 신료들의 말을 경청하시던 세종께서 유독 강무에 대해서만은 완강하셨다. 백성과 군사들의 괴로움을 들어 강무를 폐지하자고 건의하는 신하들에게 '나는 정치의 대세를 돌아보지 않고 몇 가지 폐단을 들어 우활(迂闊, 실제와 관련이 먼)한 말만 늘어놓는 것을 매우 잘못된 것으로 본다.'고 논박하곤 하셨다. 가을 추수기에 벼농사 형편을 돌아보던 모습과는 사뭇 달랐다. 일산과 부채를 쓰지 않고 들판을 다니다가 벼가 잘 되지 못한 곳에선 반드시 발을 멈추고 농부에게 까닭을 묻고 마음이 아파 점심을 듣지 않고 돌아오시던 세종이었다. 하지만 추운 겨울 강무 때는 백성의 온갖 고초를 감내하면서도 군사훈련을 그치지 않으셨다.[59]

세종이 강무를 강행하려는 이유는 무엇이었을까? 다음은 세종이 신료들과 강무 시행을 둘러싸고 논쟁을 하는 모습입니다.(세종 30/7/12/16)

세종 : 어제 사간원에서 소(疏)를 올려 강무를 정지하라고 청하였다. 그러나 이 일은 군국(軍國)이 소중하게 여기는 행사이므로 폐할 수 없다. 그런 까닭에 병조로 하여금 다시 경기 안에 4,5일 간 강무할 곳을 논의하게 하였더니, 모두 말하기를, '강원도는 금년 곡식이 조금 잘 되어서 공급의 준비가 이미 마련되었으므로, 만일 다른 곳으로 거동한다면 도리어 소요를 피울 폐단이 있을 것이라' 하였으니 어떻겠는가?

정현 : 강무는 굳이 중지할 수 없습니다. 그러나 다만 준비 공급의 폐단이 있을 뿐만 아니라, 멀리 떨어진 험난하고 어려운 곳을 넘고 건너서 여러 날을 순행하시면, 서울에 머무르고 있는 신하와 백성들이 다 전하의 그날의 기거가 어떠하신가를 염려하여 마음을 놓을 수가 없습니다. 더구나 지금 기후가 순조롭지 아니하니 가벼이 움직일 수 없습니다.

---

59) 세종, 실록 밖으로 행차하다, 앞의 책, 174-175쪽 참조.

세종 : 강무하는 법은 오래 되었다. 고려 때에 이미 있었으며, 아조(我朝)에 이르러서도 또한 정한 바가 있다. 강무의 일을 어찌 유희라고 하겠는가? 과인의 때에 이르러 춘추의 순수(巡狩)를 폐지한다면 다만 특히 무비(武備)가 쇠퇴하게 될 뿐 아니라, 또한 이루어 놓은 왕법에 위배됨이 있는 것이다.

정현 : 강무는 진실로 폐할 수 없으나, 원하옵건대 지금부터는 창우(倡優)와 여기(女妓)가 거동에 수행하게 하지 마소서.

세종 : 이것은 주정(晝停) 때에 빈객을 위로하기 위한 것이니, 내 마음에도 또한 좋지 않다고 생각한다. 금후로는 창우와 기녀는 수행하지 못하게 함이 좋겠다.

허성 : 군국에 있어 무예를 강습하는 것은 진실로 폐지할 수 없습니다. 그러나 금년은 한재로 인하여 백성들이 그 생업을 잃고 이미 끼니가 어려운데, 하물며 명년 봄이겠습니까? 1년에 한 번 순수하면 족하오니, 청하옵건대 내년 봄의 강무는 정지하소서.

세종 : 어찌 내년 가을에는 농사가 풍년이 들 것을 알고 봄철의 강무를 폐지한단 말인가?

유정현, 허조 : 주상께서는 폐단이 없다고 하시나, 감사와 수령들이 공급이 부족할까 염려하여, 혹은 정수 밖의 물자를 더 많이 준비하여 멀리 운수하는 자가 있을 것이고, 권문세처에 몰래 뇌물을 보낸 자도 또한 있을 것입니다.

세종 : 그러한 무리가 있을 것이다. 그런 까닭에 아직도 붙잡히는 자가 있는 것이다. 붙잡히는 자가 있다는 것은 뇌물을 쓰는 자가 한 둘이 아닌 까닭일 것이다. 다시 거듭 금령을 내리는 것이 좋겠다. (병조에 명하기를) 강무 때에 몰래 뇌물을 증여하는 자는 모두 장물을 계산하여 논죄하라.

위 대회에 의하면, 신료들은 완곡하지만 강무를 반대하고 있는데 반해, 세종은 집요하게 강무를 추진하고 있다. 세종은 민본과 관련하여 무엇이 핵심인지를 통찰하고 추진하고 있는 것이다. 추운 겨울철 강무로 인해 먹고 살기 힘든 백성들에게 피해가 갈 수도 있지만, 국방을 튼튼히 준비하지 않아 만약의 경우 전쟁이라도 벌어진다면, 그 손실은 강무로 인한 피해를 넘어 상상을 초월한 일이 될 것임을 알고 대비하려는 것이다.

그래서 세종은 강무에 대해 '군국이 소중하게 여기는 행사'요, 그것을 폐지할 경우, '무비가 쇠퇴하게 되고, 왕법에 위배되므로' 반드시 실시해야 한다며 물러서지 않는다. 세종과 신료 간의 이러한 논쟁은 이듬해 1월에도 계속되지만, 세종은 자신의 뜻을 관철시킨다.

"강무를 실시함에 있어서 내가 그 폐해 되는 것을 모르는 것은 아니다. 그러나 만일 폐해를 생각하면 풍년이 들었을 때라 한들 어찌 없겠는가? 또한 더구나 선왕 때부터 이루어 놓은 법이므로 더욱 폐지할 수 없다."(세종 31/8/1/16)

대왕의 방침이 그러하니 신료들도 노골적으로 반대는 할 수 없었던지, 그들은 강무를 유희로 폄하하기도 하고, 혹은 강무 일 수를 줄인다거나 근거리로 출동하기를 건의하는 등 편법을 동원해보려고 한다. 그래도 강무에 대한 세종의 의지는 요지부동이다.

"형조 참판 고약해가 아뢰기를, '강무는 곧 옛 대열(大閱)의 유제로서 폐지할 수는 없는 것입니다. 그러나 유희에 가까우며, 또 요사이는 사신을 접대하느라 경기와 강원도에는 폐를 입는 일이 더욱 심합니다. 비옵건대, 강무 일 수를 줄이고, 또 가까운 곳에 거동하도록 하시어서 백성의 힘을 쉬게 하소서.' 하니, 임금이 말하기를, '경의 말이 매우 좋도다. 그러나 강무는 유희가 아니다. 강무는 종묘를 받들고 빈객을 접대하고 무예를 익히는 일로서 관계되는 바가 가볍지 않다. 요사이 사신이 오는 것으로 인하여 강무하는 일은 1년에 한 번을 넘지 않으며, 일수도 또한 적다. 그런 까닭에 종묘의 제물과 손님 접대의 육류가 부족하다고 유사가 보고하여, 각 고을에 그것의 공납을 추가 배정하게 되어서, 그 폐해도 또한 크다. 경의 말이 비록 좋으나 강무를 폐지할 수는 없다. 어찌 내가 좋아서 하는 일이겠는가? 부득이 하여 할 뿐이다.' 하였다."(세종55/14/1/24)

전쟁이 없이 태평성대를 누리다보면 국방이나 나라의 안보에 대한 관념이 희박해진다. 실제로 조선조 창건 후 200여년이 지날 즈음 조선은 국방을 소홀히 했다. 그것이 임진왜란의 가장 큰 원인이다. 통설은 당파싸움을 임진왜란의 원인으로 기술하고 있으나 사실은 안보태세의 해이가 가장 큰 원인이었던 것이다. 세종은 안보태세의 중요성을 이미 통찰하고 있었기에 위와 같이 강무를 독려하고 있는 것이다.

이에 비추어 볼 때 요즈음 대선주자(大選走者)들이 우리 안보태세에 대해 흐리멍덩한 소리들을 남발하는 것을 보면 우려하지 않을 수 없다. 어찌 보면 지금 현재 우리나라의 가장 큰 문제점은 양극화나 먹고 사는 문제라기보다는 이렇게 대선주자들로부터 일부 국민들에 이르기까지 나라의 안전을 우습게 여긴다는 점이다. 특히 종북세력을 포함한 야당세력은 천안함 폭침사건을 당하고도 그것이 북한 소행임을 못 믿겠다고 아우성이고, 연평도 피침사건을 당하고도 한국 정부의 무능만 탓한다. 그것은 마치 강도를 당하고도 잡힌 강도가 그 사건을 저질렀다는 사실을 못 믿겠다는 것이고, 나아가 강도를 두둔하면서 강도를 당한 사람에게 왜 바보같이 강도를 당했느냐고 윽박지르는 상황과 똑같다. 앞으로 국민의 대표가 되겠다는 사람들은 무엇보다도 나라의 안전을 가장 중히 여겨야 한다. 또 여론이 아무리 거세다 해도 그것이 나라의 안보를 해치는 면이 조금이라도 예견되면 목숨을 걸고 국가의 안위를 지켜내야 한다. 이러한 면은 6.25 남침을 막아낸 초대 대통령 이승만과, 확실한 대북 우위의 국력을 이루어낸 박정희를 귀감으로 삼아야 하고, 국방문제에 대한 경솔한 발언으로(우리 군인이 목숨을 걸고 지키고 있는 NLL

을 땅따먹기 등으로 비하) 우리 안보에 대한 불안감을 일으키는 노무현을 반면교사로 삼아야 한다.

이렇게 안보태세를 강화하던 세종은 강무의 방식도 강무를 하는 목적에 부합하도록 바꾸어 보려고 한다. 강무를 유희에 빗댄 신료들의 주장이 마음에 걸렸던 것이리라. 세종은 삼군 장수 판부사 최윤덕에게 다음과 같이 지시한다.

"강무라는 것은 군사들에게 활 쏘고 말 달리기를 익히고자 하는 것이다. 지금 강무장 내의 짐승은 다만 종친들에게만 쏘게 하고, 비록 포위를 뚫고 빠져나가 달아나는 짐승일지라도 몰이하는 자는 쏘지 못하게 하니, 도무지 병졸을 훈련하는 뜻이 없다. 지금 몰이꾼이 매우 많다. 기사로 하여금 포위망 뒤에 쫓다가 빠져나와 달아나는 짐승을 달려가 쏘게 하는 것이 어떨까?"(세종55, 14/2/2/1)

이에 대해 우승범, 안숭선, 김종서 등이 잘못하면 사람이 상할 수 있다고 간언하여 미루어지기는 하지만, 세종의 강무 추진에 대한 기대와 집념을 엿볼 수 있는 대목이다.

실제로 조선왕조실록에 따르면, 조선조 역대 임금들 재위 중, 강무란 단어가 가장 많이 등장하는 경우가 바로 세종 대이다. 세종 대에 강무란 단어는 371회로, 두 번째로 많이 등장하는 태종 대의 경우(171회) 보다 두 배 이상이나 많다.

2) 훈민정음 창제

강무 말고도 불교대책을 강행처리하며 신료들과 대립각을 세우던 세종은 그 와중에서도 훈민정음의 창제를 아주 은밀히 추진했던 것 같다. 왜냐하면 실록에 훈민정음 반포(頒布)를 두고 최만리 등과 대립하는 모습은 보이지만, 창제과정에서 대립하는 모습은 나와 있지 않기 때문이다. 어쩌면 요란했던 강무와 불사를 훈민정음 창제에 이용했는지도 모를 일이다.

한글에 대한 칭송이 국내외적으로 적지 않다. 소리 나는 대로 적을 수 있어서 매우 실용적(實用的)이고, 또 초성, 중성, 종성이 결합하는 법칙을 만들어서 매우 과학적(科學的)인 한글은 글자를 무궁무진하게 만들어 낼 수 있다. 영어 알파벳의 b와 v, f와 p, 그리고 l과 r의 표기가 좀 어려울 뿐, 거의 모든 발음을 한글로 적을 수 있다. 그런데 이렇게 통쾌한 한글을 만든 세종 대의 기록인 세종실록에도 한글, 곧 훈민정음에 대한 기록이 매우 빈약하다. 언문 혹은 훈민정음에 대한 기사가 겨우 7번 등장한다. 그 외에도 문종 대 1번, 세조 대 3번, 성종 대 1번, 그리고 정조 대 1번 정도가 전부다. 다음은 훈민정음에 대한 최초의 기록이다.

"이달에 임금이 친히 언문(諺文) 28자(字)를 지었는데, 그 글자가 옛 전자(篆字)를 모방하고, 초성, 중성, 종성으로 나누어 합한 연후에야 글자를 이루었다. 무릇 문자(文字)에 관한 것과 이어에 관한 것을 모두 쓸 수 있고, 글자는 비록 간단하고 요약하지마는 전환하는

것이 무궁하니, 이것을 훈민정음(訓民正音)이라고 일렀다."(세종실록 102, 25/12/30)

    여기는 '임금이 친히 언문 28자를 지었는데'라는 말만 있을 뿐, 그 창제과정에 대한 언급이 없다. 우리는 앞에서 세종이 국가 중대사를 앞두고 신료들과 논의하거나 논쟁하는 모습을 충분히 보아왔다. 그런데 글자를 만드는 일은 중대사임에도 그 과정에 관하여 기록이 없다는 사실이 궁금증을 자아낸다. 세종은 분명 훈민정음 어제(御製)에서 '우매한 백성들이 말하고 싶은 것이 있어도 마침내 제 뜻을 잘 표현하지 못하는 사람이 많아, 내 이를 딱하게 여기어' 훈민정음을 창조했다고 밝히고 있고, 그의 애민정신이나 훈민정음의 과학성 및 실용성 때문에 오늘날에도 세종의 최고 업적으로 평가 받는 훈민정음에 대한 기록이 그렇게 빈약한 것은 의문이 아닐 수 없다.

    조선조는 왕조실록(王朝實錄)을 남긴 문화국가요 당시로서는 선진국이었다. 실록은 다른 많은 정책결정과정을 비교적 적나라하게 보여주고 있다. 따라서 위 실록이 훈민정음 창제라는 역사적인 프로젝트의 완성을 발표하면서 '임금이 친히' 언문 28자를 지었다고 간략하게 언급하고 있는 것으로 보아 우리는 세종이 훈민정음 창제를, 자신이 직접 글자를 고안하는 등 고생을 감수하며 비밀리에 추진했음을 추정해 볼 수 있다.

    그렇다면 세종은, 오늘날에도 그렇게 환영받을 만한 일을 추진하면서 왜 비밀로 했을까? 이와 관련, 세종과 신료들 간의 다음과 같은 대화(세종실록 14/11/7)가 그 실마리를 제공해 준다.

세종 : 비록 사리를 아는 사람이라 할지라도 율문(律文)에 의거하여 판단이 내린 뒤에야 죄의 경중을 알게 되거늘, 하물며 어리석은 백성이야 어찌 범죄한 바가 크고 작음을 알아서 스스로 고치겠는가? 비록 백성들로 하여금 다 율문을 알게 할 수는 없을지나, 따로 이 큰 죄의 조항만이라도 뽑아 적고, 이를 이문(吏文)으로 번역하여서 민간에게 반포하여 보여, 우부우부(愚夫愚婦)로 하여금 범죄를 피할 줄 알게 함이 어떻겠는가?

허조(이판) : 신은 폐단이 일어나지 않을까 두렵습니다. 간악한 백성이 진실로 율문을 알게 되오면, 죄의 크고 작은 것을 헤아려서 두려워하고 꺼리는 바가 없이 법을 제 마음대로 농간하는 무리가 이로부터 일어날 것입니다.

세종 : 그렇다면, 백성으로 하여금 알지 못하고 죄를 범하게 하는 것이 옳겠느냐? 백성에게 법을 알지 못하게 하고, 그 범법한 자를 벌주게 되면 조삼모사의 술책에 가깝지 않겠는가? 더욱이 조종에서 율문을 읽게 한 법을 세우신 것은 사람마다 모두 알게 하고자 함이니, 경 등은 고전을 상고하고 의논하여 아뢰라.

여기서 율문(律文)은 법조문을 말하고, 이문(吏文)은 조선시대 중국과 주고받던 문서에 쓰던 특수한 관용 공문의 용어나 문체를 말한다. 율문이건 이문이건 백성들이 알아보기는 여전히 어려울 수밖에 없겠지만, 그래도 세종은 조금이나마 백성들에게 도움이 될 만한 요소를 찾고 있는 것이다. 이러한 세종의 마음가짐이 훈민정음의 창제로까지 이어진 것임은 의심의 여지가 없다.

그런데 위 대화에서 보듯이 허조는 행정편의주의적 사고를 벗어나지 못하고 있는 반면, 세종은 진실로 백성을 위하는 일이 무엇인지를 진지하게 고민하고 있다. 즉 당시 지배층은 왕도적 민본정치에 대해 그것을 정치적 명분으로 활용한 측면이 강한 것 같고, 반면에 세종은 명실상부한 민본정치가 가능하다고 믿는 사람이었다. 이러한 입장과 가치관의 차이 때문에 세종은 훈민정음을 기획하면서, 강무의 경우나 불교대책의 경우처럼 밀어붙이기도 힘들다고 판단했던지, 아예 처음부터 그것을 비밀프로젝트로 추진할 수밖에 없다고 생각했던 것 같다. 세종은 일부 학자들과 세자, 진양대군(수양대군), 안평대군 등 자녀들을 동원하여 비밀스럽게 일을 추진했던 것으로 추정된다.

그런데 이 프로젝트가 그렇게 추진되지 않았더라면 결코 성공할 수 없었을 것이라는 가정을 증명해주는 사건이 곧 발생한다. 그것은 집현전 학자들을 중심으로 한 반(反) 훈민정음 정서와 반대상소들이었다.

당시 훈민정음 창제 및 반포의 반대에 앞장섰던 집현전 부제학 최만리는 세종에게 다음과 같은 요지의 상소를 올린다.(세종 26/2/20)

1. 우리 조선은 한결같이 중화의 제도를 준행하여 이제 비로소 익숙해지려는 이때에 언문을 창작하신 것은 보고 듣기에 놀랍다. 설혹 말하기를, '언문은 모두 옛 글자를 본뜬 것이고, 새로운 글자가 아니라' 하지만, 음을 쓰고 글자를 합하는 것이 모두 옛 것에 반대

되니 의거할 데가 없다. 혹 중국이 알면 대국을 섬기는 데에 부끄러운 일이라는 것.

  1. 당시로서 자체 글자를 가진 몽고. 서하. 여진. 일본 등은 모두 이적들인데, 기자의 풍속이 남아있고 문물과 예악이 중화에 버금가는 우리나라가 따로 언문을 만드는 것은 중국을 버리고 스스로 이적과 같아지려는 것이다.

  1. 이미 설총이 만든 이두가 있어 큰 불편이 없는데 야비하고 상스러운 무익한 글자를 만들 필요가 없고, 또 이두는 문자에 의거해야 뜻이 통하는 만큼 학문을 흥기시키는데 도움이 되는 반면, 새로운 글자를 만들면 너무 쉬워 그 글을 누구나 익혀서 입신할 수 있으므로 아무도 성리학 공부를 안 할 것이며, 옛것을 싫어하고 새것을 좋아하는 것은 고금의 우환인데, 언문은 새롭고 기이한 한 가지 기예에 지나지 않아 학문에 방해가 되고 정치에 무익하다는 것.

  1. 법조문을 언문으로 적어 누구나 쉽게 읽어야 억울한 사람이 없을 것이라고 하나, 이두를 아는 자도 초사를 읽고서 허위인줄 알면서도 매를 못 이겨 항복하는 경우가 많으므로 형옥의 공평여부는 옥리의 자질에 달린 것이지 말과 문자의 동이에 있지 않다는 점.

  1. 사공에 너무 급급하여 재상에서부터 백료에 이르기까지의 충분한 검토가 없는 상황에서 이배 10여인으로 하여금 가르쳐 익히게 하여 운서를 고치고 근거 없는 언문을 부회하여 공장 수십 인을 모아 각본 하여 급히 반포하는 것은 부당하다는 것.

  1. 동궁은 아직 성학에 잠심하시어 그 이르지 못한 것을 더욱 궁구해야 하는데, 육예의 한 가지 기예에 불과한 언문에 정신을 연마

하고 사려를 허비하여 날을 마치고 때를 옮기어 실로 시민의 학업에 손실이 많다는 점 등을 들어, 훈민정음에 반대하였다.

이에 대한 세종의 반론은 다음과 같다.

1. "너희들은, '음을 사용하고 글자를 합한 것은 모두 옛 글에 위반된다' 했는데, 설총의 이두(吏讀)도 음이 다르다. 이두를 제작한 본뜻이 백성을 편리하게 하려 했음과 같이 언문도 그러하다. 그런데 너희들은 설총은 옳다 하면서 군상의 일은 그르다 하니 도대체 무슨 경우냐" 하고 따졌고,

1. "네가 운서(韻書)를 아느냐. 사성칠음(四聲七音)에 자모(字母)가 몇이나 있느냐. 만일 내가 그 운서를 바로잡지 않으면 누가 할 것이냐." 하면서 음운학에 대한 자신감을 내보였으며,

1. "너희들의 소에 '새롭고 기이한 기예라' 했는데, 내가 늘그막에 독서로 벗을 삼고 있는 것뿐인데, 새 것을 좋아한다고 하느냐, 또 전렵으로 매사냥 하는 것도 아닌데, 너희들이 너무 심한 것 아니냐" 하고 힐난한다.

1. 세종 자신이 너무 나이가 들어 동궁에게 국가의 서무를 맡겼으니 세미한 일까지도 동궁이 참여하여 결정함이 마땅하므로 언문의 일도 그러하다. 는 등의 이유를 들어 반대 소에 대한 입장을 밝힌다.

이에 대해 최만리 등은 다시 "설총의 이두는 비록 음이 다르다 하나, 음에 따르고 해석에 따라 어조와 문자가 서로 떨어지지 않사온데, 이제 언문은 여러 글자를 합하여 함께 써서 그 음과 해석을 변

한 것이고 글자의 형상이 아닙니다. 또 새롭고 기이한 한 가지 기예라 한 것은, 특히 문세에 인하여 그 말을 한 것이 아니고, 의미가 있어서 그러한 것은 아닙니다. 동궁은 공사라면 세미한 일일지라도 참견하셔야 하나, 급하지 않은 일을 무엇 때문에 시간을 허비하며 심려해야 합니까"라고 반박한다.

이에 세종은 "내가 너희들을 부른 것은 처음부터 죄주려 한 것이 아니고, 다만 소안에 한두 가지 말을 물으려 하였던 것인데, 너희들이 사리를 돌아보지 않고 말을 변하여 대답하니, 너희들의 죄는 벗기 어렵다." 하면서 정창손은 파직, 김문은 말이 변한 사유를 국문케 하고, 최만리 등 대부분은 의금부에 하룻밤 감금했다가 다음날 석방하였다. 정창손이 파직당한 것은, 일전에 임금이 정창손에게 "내가 만일 언문으로 삼강행실을 번역하여 민간에 반포하면 어리석은 남녀가 모두 쉽게 깨달아서 충신 효자 열녀가 반드시 무리로 나올 것이라." 고 하교한 바 있었는데, 창손이 위 말로 계달한 때문이었다.

이후 세종은 자신의 처사에 정면으로 시비(是非)를 걸어오는 신료들을 비교적 관대하게 처리한 다음, 신숙주, 성삼문, 최항, 박팽년, 이선로, 이개, 강희안 등에게는 '동국정운(東國正韻)'을 편찬케 하여 훈민정음의 원리와 사용법 등의 정리를 맡기고, 권제, 정인지, 안제 등에게는 용비어천가(龍飛御天歌)를 짓도록 하는가 하면, 궐내에 정음청(正音廳)을 설치하여 훈민정음 연구 및 한문서적의 번역을 맡도록 하는 등 훈민정음 실용화에 박차를 가한다. 이 실용화에 참여한 학자들이 역시 훈민정음 창제에 협조한 인물들로 추정된다.

제 5 장

세종의 리더십과 자유민주주의

01 신뢰의 리더십

1) 상보적 지휘자형 리더십

양녕에서 충녕으로 세자가 교체될 때 신료들은 후덕한 덕담으로 충녕에 대한 칭찬과 기대를 대신했는데, 충녕에 대한 그러한 덕담이 단순한 립 서비스가 아니었음이 밝혀지는 데에는 많은 세월이 걸리지 않았다. 충녕의 덕스러움과 근면함은 세종임금이 되어서도 변함이 없었다. 그는 여전히 수불석권(手不釋卷)의 독서, 심득(心得)의 독서, 집중(集中)의 정밀한 독서, 편벽(偏僻)되지 않는 독서 등을 통해 왕도정치의 비전과 가치를 통찰하고 정치리더로서의 투철한 도덕성과 탁월한 효율성을 갖추게 된다.

왕도정치란 군왕이 덕화교민(德化敎民)의 신념으로 '현자를 존중하고 유능한 인재를 부리는 일(尊賢使能)'과, 그들이 소신껏 일 할 수 있도록 '언로를 열어주는 일(言路開放)'에 힘을 기울여 공론을 일으키고, 그 공론을 통해 통합의 정치를 실현하는 일이다. 그리고 그 왕도정치의 궁극적 지향점은 양민(국리민복, 대외안보)을 위한 민본정치요, 당우삼대의 이상사회(대동사회 및 소강사회) 건설이다. 이러한 왕도정치는 인간관계를 상보적인 것으로 보고 있고, 군왕의 신민에 대한 외경심과 사랑을 전제로 하고 있다.

왕도정치가 전개되면 '천하의 선비들이 모두 기뻐하며, 그 나라의 조정에 나아가 벼슬하기를 바랄 것(則天下之士 皆悅 而願立於其朝矣)'이다. 그러면 나라의 공론(公論)이 조정에 있게 되어 군왕이 스스로 권력을 추구하지 않더라도 그 위상(位相)은 저절로 높아지며, 그의 권력 또한 탄력성(彈力性)을 가지게 되어 정치사회적 통합과 함께 당우삼대의 이상사회를 지향하는, 군왕과 백성이 함께 누리는 여민동락(與民同樂)의 정치, 신뢰(信賴)의 정치가 가시화되는 것이다. 이처럼 왕도정치는 군신공치(君臣共治)에 역점을 둠으로써, 매우 역설적이지만, 군왕이 스스로 나서서 자신의 권력을 추구하지 않으면서도 왕권의 탄력성이 확보되는 매우 바람직한 정치인 것이다.

세종은 이러한 왕도정치 이념을 면밀히 통찰한 후 우선 군왕으로서 권력을 추구하는 일에 목적을 두지 않았다. 세종은 취임 초기에는 권력의 기반이 될 수 있는 군권(軍權)이 아예 없었다. 태종은 세종에게 양위 시, 인사권(人事權)이나 제반 정책에 관한 채납권(採納權) 등의 권한은 세종이 행사할 수 있도록 해 주었지만 군권만은 주지 않았다. 군권이 없는 국왕은 사실은 가장 중요한 권력수단(權力手段)을 잃는 일이다. 그런 의미에서 세종은 애당초 왕권의 강화를 추구할 입장이 아니었는지도 모른다. 그 뿐이 아니다. 상왕(上王)으로서의 태종(太宗)의 존재는 세종의 행보에 걸림돌이 될 수 있었다. 태종은 물론 좋은 의도를 가지고 군권을 가지겠다고 했을 것이다. 태종은 자신이 세종의 후견인(後見人)으로서 든든한 권력의 기반이 되어 주겠다는 의도였을 것이고, 그러면 세종이 별도로 왕권확립을 위한 노력을 할 필요 없이 성군(聖君)이 될 수 있을 것이라고 믿었을 것이다. 그렇지만 군왕으로서 군권의 상실은 분명 세종의 왕권을 제한하는 역할을 했을 것임에 틀림없다.

그런데 이러한 상황에서 세종은 현명하게 처신하였다. 세종은 자신의 권한 밖에 있는 군권은 물론, 자신에게 주어진 인사권(人事權)이나 제반 정책과 관련된 채납권(採納權) 등에 이르기까지 사실상 태종의 재가(裁可)를 받아 처리하였다.[60] 세종은 '존현사능'의 자세로 아버지 태종에게 절대적으로 협력적인 자세를 취함으로써 걸림돌이 될 수 있었던 것을 디딤돌로 활용하였던 것이다. 왕도정치를 신봉한 세종은 그렇게 함으로써 자신의 권력 확대를 위해 쓸데없이 시간과 정력을 낭비할 필요가 없었다. 그는 자신에게 주어진 권력의 성격을 재빨리 파악하고, 그것을 무엇을 위해 어떻게 사용해야 할지 잘 통찰했던 것이다. 그리하여 세종은 자신의 권력 강화보다는 성군(聖君)으로서의 자질 함양에 승부를 걸었던 것이다.

그 결과 세종은 당대(當代)의 인재들을 거의 망라하여 출사시키고 언로를 널리 개방함으로써 그들과 비전을 공유하며 공론이 조정을 떠나지 않도록 조처할 수 있었다. 그는 왕도정치가 군신공치체제를

---

60) "기해년부터 임인년까지 내가 비록 임금의 자리에 있었으나 그 동안 국정은 모두 태종에게 말한 뒤에 시행하고 내가 내 마음대로 한 일은 없으니 그 4년 동안의 사초를 모두 수납하여 태종실록에 기재하는 것이 어떠냐?" (세종실록 06/12/01)

상정하고 있음을 이해한 것이다. 군신공치는 군신관계를 상보적 관계로 보고 군신이 역할분한(役割分限)을 통해 서로 협력하는 정치다. 여기서 상보적(相補的)이라는 말은 군왕과 신료가 서로 부족한 면을 채워주고 보완하여 완전을 추구한다는 말이다.

이와 같이 군신공치체제를 지향한 세종은 신료들에 대해 경쟁적 관계나 대립적 관계, 혹은 측근이나 하수인으로 인식하지 않고, 그들을 동반자(同伴者) 내지는 동역자(同役者), 그리고 협력자(協力者)로 존중하면서 될 수 있는 한 나라의 중대사를 협의(協議)하여 처리한다.

이로써 세종은 정치리더로서의 신뢰를 얻을 수 있었고, 그래서 신료들과 서로 권력다툼 하면서 시간과 정력을 낭비하는 대신, 서로 부족한 면을 채워 주면서 오직 국가의 보존과 백성의 웰빙을 위해 서로 협력할 수 있었다.

이러한 세종의 상보적 리더십은 오케스트라나 합창단의 지휘자와 같은 모습이라 할 만하다. 지휘자(指揮者)는 각 단원이 자신의 역량을 충분히 발휘할 수 있도록 도와줌으로써 화음과 조화의 명수가 되어야 한다.

세종은 천하의 인재들을 조정(朝廷)으로 불러들여 그들의 역할을 분명히 제시해 준다. 이어 그들을 전적으로 신뢰(信賴)하여 그들에게 권한을 위임하고 힘을 실어주어 그들의 역량을 최대한 발휘토록 함으로써 그들의 신뢰를 얻고 통합의 정치를 실현한다. 예컨대 세종은 집현전 학사들에게 각종 특권을 허용하는 등 그들을 특대하였으나, 그들이 언관 노릇 하는 것을 금하였고, 나아가 그들이 언관이나 기타 중직에 진출하는 것 역시 극력 억제하였다. 이와 함께 세종은 황희나 맹사성 허조 등의 중신들을 우대함으로써 신세대와 구세대의 조화를 꾀하였다. 실로 세종은 조화의 명수였고 명지휘자였다. 우리는 세종에게서 자신의 친위세력(親衛勢力)을 길러 반대세력(反對勢力)을 공격케 하는 등의 진부한 수법은 찾아볼 수 없다. 이러한 모습은 세종이 기본적으로 신료들을 자신의 동반자 내지는 동역자, 그리고 협력자로 생각하고 그들을 존중함으로써 신뢰를 얻는 밑거름이 된다.

　이러한 태도로 세종은 신민(臣民)들의 주장을 경청하고 그들의 의견을 존중했다. 그는 왕정사상 최초로 백성들의 여론조사(輿論調査)를 실시한 군주였음을 기억할 필요가 있다. 세종은 유교적 지식과 소양이 넘치는 당대 최고의 학자 군주로서, 왕도정치가 현실적으로 가능하다고 판단하고 실천한 자였다. 그는 공론정치(公論政治)를 신봉하여 정책결정을 함에 있어 독선이나 독단에 흐르지 않았다. 그는 항상 폭 넓게 의견을 수렴했으며 그 과정에서 난상토론도 마다 않고 집단적(集團的) 정책결정(政策決定)을 매우 선호했다.

　이와 함께 세종은 여러 가지 유교적 의례제도(儀禮制度)를 정비하는 한편, 신료들과 백성들에게 유교적 마인드를 갖추도록 노력한다. 특히 세종은 천지의 질서인 예(禮)와 천지의 조화인 악(樂)이 고루 발달될 수 있도록 최선을 다 했고, 각종 유학서적을 수집, 정리 출판하는 일도 게을리 하지 않았다. 그리하여 '소학'과 '주자가례' 등의 보급은 물론 '사서대전' '오경대전' '성리대전' 등의 수입·간행이 이루어졌고, '대학연의주해' 등이 편찬되었다. 세종은 또 경연에서 '성리대전'과 '근사록'을 강의하기도 했고, 백성들이 쉽게 경전을 이해할 수 있도록 '삼강행실도'를 편찬하였다.

　유교적 문화국가를 지향한 이런 세종의 노력은 유교적 정치문화의 형성에 크게 기여하였으며, 그것은 또 군신간의 신뢰에 기초한 군신공치체제의 정착과 함께 조야(朝野) 및 상하(上下)가 하나가 되는 백성통합의 기틀이 되었다.

2) 실용적 미래지향형 리더십

　'상보적 지휘자형의 리더십'을 발휘하여 정치사회적 통합을 이끌어낸 세종은 끊임없이 민본(民本)을 위한 개혁을 추구한다. 사실 왕도정치의 지향점은 민본이며 그 내용은 '양민(養民)'으로서 '족식족병(足食足兵)'을 통해 '국리민복' 및 '대외안보'를 도모하는 것이다.

　이러한 '민본'이라는 절대적 명제(命題)를 한시도 잊지 않고 정치에 임한 세종은 백성을 천민(天民)으로 인식할 정도로 그들을 경외하고 사랑하는 경지에 이르렀으며, 그러한 '애민'의 열정으로부터 각종의 개혁정책(改革政策)과 그 결실(結實)이 쏟아져 나온 것이다. 이러한 바탕 위에 세종은 농업의 생산성 제고 및 과세의 합리화, 그리고 훈민정음 창제 등을 통해 백성들의 삶의 질을 높일 수 있었고, 백성의 안위를 위한 군사력 증강이나 국방 외교의 의무에도 게을리 하지 않았다. 세종시대에 군사무기도 크게 발달했으며, 공세적 교린정책과 대명 사대외교를 통해 영토도 크게 넓혀 그때에 이미 오늘날 우리 대한민국의 국경을 확정지었음은 주지의 사실이다.

사실 총명하고 근면한 세종의 학문은 당대(當代) 최고(最高)의 학자(學者)로서 손색이 없었다. 그런데 세종은 학자 군주로서 무엇인가 '많이 아는데' 그치지 않고, 그가 공부한 내용을 실용화시키는 일에 앞장섰다는 점에서 단순한 호학(好學)의 군주(君主)와 구별된다. 그가 그렇게 많은 분야에 관심을 가지고 스스로 공부하면서 조선 사회를 획기적으로 발전시킬 수 있었던 것은, 비전 내지 궁극적 목표를 향한 그의 노력이 매우 실용적(實用的)이고 미래지향적(未來指向的)이었기 때문이다.

이를 좀 더 부연하면, 세종 대 당시 새롭게 연구되던 천문(天文)이나 역법(曆法), 그리고 새로운 발명품인 각종 기기(機器)들은 모두 당시 주산업인 농업을 발전시켜 백성들의 삶의 질을 높이고 부국강병을 도모하려는 것이었다. 이러한 비전이 있었기에 세종의 치세(治世) 동안 조선조는 천문, 지리, 경제, 의학, 심지어 전쟁무기에 이르기까지 모든 방면에 걸쳐 획기적 발전을 달성한다. 세종은 음운학(音韻學)에도 뛰어났다. 최만리가 한글창제 시 반론을 펴자 '네가 음운학을 아느냐'고 일갈한다. 세종은 '어린 백성'의 글 모르는 설움을 덜어주려고 훈민정음 창제를 결심하면서 음운학에 대한 공부도 그 어느 누구보다도 가장 열심히 한 것 같다.

이와 같이 민(民)을 위한 실용의 정치라는 비전과 목표를 설정한 세종은 현실에 얽매이거나 안주하지 않고 미래(未來)를 향하였다. 세종이 미래를 열어가는 모습은 인재 충원 방식, 나라와 백성의 바람직한 미래를 위해 때로는 고뇌의 결단을 내리는 모습 등에서 특히 빛을 발한다.

　먼저 세종은 신료들의 충원에 있어 과거의 전력(前歷)이나 출신 성분에 크게 개의치 않았다. 세종은 열정(熱情)과 충성심(忠誠心)이 있는 신료는 물론, 비록 흠이 있고 출신이 미천한 사람도 재주와 덕이 있으면 과감히 등용하였다. 뿐만 아니라 세종은 조선조 개창에 반대하던 세력의 후예들을 흡수하였으며, 그들의 의리정신(義理精神)을 높이 인정해 주었다. 세종의 이러한 인사정책은 신생국 조선의 미래를 열어가기 위한 조처들이었다.

　그리고 세종의 미래지향성과 관련하여 또 하나 주목할 만한 것은, 그가 비록 언로를 개방하고 집단적 정책결정을 선호했지만, 때로는 나라와 백성의 장래를 내다보며 고독한 고뇌(苦惱)의 결단(決斷)을 내리곤 했다는 사실이다. 예컨대 공세적 교린정책과 대명사대 외교에 진력하던 세종은 강무(講武, 군사훈련)을 통해 튼튼한 국방력을 길러 미래에 대비하고자 했다. 그래서 그는 많은 신료들의 반대에도 불구하고 강무를 강행하는 모습을 여러 차례 보여준다. 훈민정음 창제 역시 글자를 모르는 '어린 백성들'을 위한 것으로, 당시 사대(事大)의 풍조에 젖어 있던 신료들의 반대를 예상, 극비 프로젝트로 진행한 것으로 추정되고 있다. 이러한 모습들은 표만 의식하며 몸을 사리는 오늘날의 정치권이 귀감으로 삼아야 한다. 특히 북한의 도발에 대해 그들의 눈치나 보며 '전쟁하자는 거냐'하면서 저자세로 일관하는 종북세력들, 또 우리 실력이 아직 엄청 모자라는 것을 잘 알면서도 무상복지를 노래하며 국민을 현혹하는 자들은 리더로서의 자격이 없는 자들이다.

제5장 세종의 리더십과 자유민주주의　**217**

요컨대 세종은 상보적 민본정치가 요구하는 신뢰의 리더십을 발휘, 덕화교민의 통합을 추구하는 왕도정치와 양민을 추구하는 민본정치를 실제의 정치과정(政治過程)으로 풀어낸 실로 위대한 정치인이었다. 그가 실천한 신뢰의 리더십 덕분에 세종의 치세 동안에는, 사소한 실랑이는 더러 있었지만, 군왕과 신료, 또는 신료 상호간에 커다란 정변(政變) 같은 일은 전혀 없었다. 오히려 군신간의 조화를 잘 이루어내며 민생을 위한 일에 국력을 집중시킴으로써 세종은 우리 역사상 보기 드문 태평성대를 이루어 낸 것이다.

실록에는 세종에 대해 '영명 강과하고, 침의 중후하며, 관유 인자 공검하고, 또 효도하고 우애함은 천성이 그러하였다.'라고 총평하고 있다. 전반적으로 지혜와 온유, 그리고 과단성을 겸비한, 부드러운 카리스마를 지닌 정치리더를 연상시키는 대목이다. 세종은 신료들을 동역자 내지 동반자로 여김으로써 요즈음 유행하는 수평적 리더십을 발휘하였으며, 아버지 태종을 상왕으로 모시고 자신보다 왕위에 더 가까운 두 형이 있었지만 정변(政變) 없이 가정의 평화도 지켜낸 군주였다.

02 민본정치와 자유민주주의

    그렇다면 이러한 세종의 '상보적 민본정치' 리더십이 오늘날과 같은 자유민주주의 국가에서는 어떤 의미를 가질까?

    현대 민주주의 위기(危機)는 대중민주주의에서 비롯된다고 해도 과언이 아니다. 대중민주주의는 개인의 자유를 위한 끊임없는 경계와 예방이 없이는 여론(輿論)의 횡포(橫暴), 다수(多數)의 독재(獨裁)로 흘러버리게 되고, 급기야는 반자유주의적 민주주의라는 기형적 양상을 초래할 위험을 내포하고 있다.[61]

    이러한 민주주의의 위기(危機)는 오늘날 우리나라의 정치현상에서 두드러지게 드러나는 것 같다. 지금 우리나라에서는, 정치권(政治權)에 몸담고 있는 자들이 자신들의 벼슬살이를 위해 염치없고 무분별한 권력투쟁과 복지경쟁에 몰입하면서 나라와 민족의 장래가 매우 불투명해지고 있다. 게다가 야권은 아직도 종북 좌파세력과의

---

61) 이홍구 외, 정치학개론 (박영사, 1996) 377쪽

연대에 대한 미련을 버리지 못하고 있는 것 같아서 매우 안타깝다. 그들때문에 야권 전체가 도매금으로 불안해 보이고, 진보와 보수가 서로 관용하고 소통하는데 어려움을 겪을 것으로 예상되기 때문이다.

여기서 종북 좌파는 과거 운동권 중에서도 주사파의 핵심세력 및 그 후예들로서 민주화세력 및 진보세력의 탈을 쓴 반(反)대한민국 세력이다.[62] 이들은 강남좌파를 등에 업고 진보의 이념을 내세워 적지 않은 국민들의 지지를 얻고 있으나,[63] 북한 민중을 저버리고 전체주의적 독재체제인 북한정권과의 사이비 민족공조에 열중하고 있어서 사실은 진보가 아닌 수구적 좌파에 불과하다.[64] 혹자는 "요즈음 빨갱이가 어디 있느냐?"며 그들을 마치 민주인사인 것처럼 두둔하지만, 우리 같은 필부필부는 그들이 아직도 두렵다. 그들이 FTA 반대, 제주 해군기지건설 반대 등을 외치고 시위하면, 야권은 영락없이 그에 화답하며 함께 춤을 추는 모습을 보여주기 때문이다. 아마 야권은 아직도 햇볕정책을 대외안보를 위한 만병통치약쯤으로 알고 있는 모양이지만, 우리는 햇볕전도사 김대중 정권 때에 서해교전으로 인해 우리 해군이 죽고 부상당한 사실을 절대 간과할 수 없는 것이다.

상황이 이러한 데도 일부 식자(識者)들은 자유민주주의에서 아예

---

62) 신지호, 뉴라이트의 세상 읽기, (기파랑, 2006) 42쪽 참조

63) 이들 지지자는 주로 젊은 층을 중심으로 하여 20대부터 50대 초반까지 분포되어 있다. 이들 중 40-50대는 80년대와 90년대 대학을 다니며 당시 주사파 등 운동권의 영향을 엄청나게 받은 세대다. 또 20-30대는 바로 그 운동권 세대가 선생님이 되고, 운동권 세력이 실세로 대거 참여한 김대중, 노무현 정권 때 만든 교과서로 공부한 세대라는 점을 감안한다면 어느 정도 이해가 갈 것이다.

64) 신지호, 앞의 책, 27-28쪽 참조.

자유를 떼어 내자는 주장을 하면서 국민들 사이에 자유민주주의에 대한 왜곡과 회의(懷疑)를 심어주고 있다. 자유주의 없는 민주주의가 얼마나 위험한 것인지는 그들도 잘 알 텐데도 말이다. 실로 우리나라의 민주주의는 지금 반자유주의적(反自由主義的) 민주주의(民主主義)의 위험에 완전히 노출되고 있다고 해도 절대 과언이 아니다.

이로부터 우리는 정치에 대한 우리의 생각을 바꾸고, 민주정치의 약점(弱點)을 보완하여 그것의 위기를 극복할 수 있는 새로운 정치문화를 가꾸어 나갈 필요가 있음을 절감한다. 이를 위해서는 자유주의와 민주주의, 그리고 자유민주주의 등에 대한 치열한 논의도 필요하겠지만, 그것은 논쟁을 위한 논쟁을 불러일으키는 등 국민들의 실생활에 별 도움을 주지 못할 가능성이 많다. 따라서 그러한 논쟁에 휩싸이기 보다는 역시 우리의 전통인 '민본정치'를 재조명(再照明)하는 일이 절대 필요하다고 본다.

민본정치는 신뢰의 리더십에 바탕을 둔 공론정치의 지향점이다. 공론정치는 공론을 토대로 통합을 추구하며, 민본정치는 그 통합을 밑거름으로 하여 공공선(공정, 공의, 공익 - 국리민복, 대외안보)을 추구한다. 민본정치의 토대는 신뢰의 정치리더가 보증하는 공론인 것이다.

공론(公論)은 '천리(天理)에 따르고(順天理) 인심에 부합하여(合人心) 천하의 사람들이 모두 함께 옳게 여기는 것(天下之所同是者)'이다. 여기서 천리는 '도덕적 정당성'을 담보하고, 인심은 '민주적 정당성'을 담보한다. 그리고 천하의 사람들이 모두 함께 옳게 여김은 도덕적 정당성과 민주적 정당성이 합치된 모습이다.[65] 즉 인심은 곧 민심으로서

---

65) 이상익, 앞의 책, 480쪽

만백성의 뜻(여론)이기 때문에 민주적(民主的) 정당성(正當性)의 근거로서 중요하지만, 그것은 사사로운 이기주의나 집단이기주의, 혹은 지역이기주의에 휘둘리기 쉽다는 약점이 있어서 도덕적(道德的) 정당성(正當性)의 규제를 받아야 하는 바, 그 근거가 바로 천리(天理)인 것이다.

천리는 자연세계의 객관적 이법(理法)으로서 천지만물에 보편적으로 적용되는 것으로 여겨진다. 이러한 천리는 동양의 주자에 의해 자연현상은 물론 사회규범을 규율하는 원리로도 규정되었는데, 그것은 영구불변의 보편타당성 및 보편윤리성을 의미하는 것으로 서양에서 발달되어 온 자연법의 개념과 매우 유사하다.[66] 이러한 천리가 정치활동의 한 근거가 되는 것은 바로 그 보편타당성 및 보편윤리성을 갖는 공공성(公共性, 公共善의 추구) 때문이며, 그것은 시공(時空)을 초월하여 정치적 영향력을 갖는다. 다시 말하면 이러한 천리의 공공성은 도덕적 정당성(正當性)의 근거로서, 왕도적 민본주의 시대에 도덕성을 결여한 성난 민심을 규제했듯이 오늘날 자유민주주의 사회에서 역시 도덕성을 결여한 독단적이고 독선적인 집단의 민심(여론)을 제한하는 근거가 될 수 있는 것이다. 이로부터 우리는 여론이 도덕적 정당성 혹은 공공성을 지니는 공론으로 거듭나는,

---

66) 자연법은 시대에 따라 '자연의 원리', '신의 의지', '인간의 본성 및 이성' 등에 기초한 것으로 설명되어 왔는데, 그 공통점은 도덕적 법 원리로서 보편타당성과 보편윤리성을 그 특색으로 한다.
 자연법의 제 1원리는 "선을 행하고 악을 피하라"로서 여기에서 "각인에게 그의 것을 주어라"나 "타인에게 부정을 행하지 말라"의 규칙이, 다시 여기에서 "계약을 지키라"나 "살인하지 말라" 등의 규칙이, 무지, 이욕에 방해되지 않는 한 추론적으로 귀결된다. 그러나 그 이상의 상세한 규칙, 형벌의 정도, 계약의 형태와 효력 등은 사회사정을 고려하여 입법되는 실정법에 맡겨진다.(위키백과)

여론의 공론화'에 눈을 돌리지 않을 수 없다.[67]

혹자는 이러한 논리가 '민주정치는 여론정치(輿論政治)'라는 금언을 훼손하는 것이라고 주장할지도 모르겠다. 물론 민주정치는 여론정치다. 따라서 민주정치에서 정치리더가 여론을 도외시하고 무시한다면 그는 도덕성을 갖추고 있다고 보기 어렵다. 그러나 정치리더가 여론을 중시한답시고 이런 여론 저런 여론에 휘둘려 우왕좌왕한다거나, 혹은 자신(自身)이나 자파의 정치적 이념이나 목적, 혹은 파당의 이익을 위해 여론을 조작하여 대중을 선동한다면 그도 역시 결코 도덕성을 갖춘 리더라고 보기는 어려울 것이다. 그러므로 정치리더가 여론을 중시하되, 그것을 민본정치를 위한 공공선(公共善)이 담보된 공론(公論)으로 다듬어 낼 수 있을 때 비로소 공론정치가 가능해지는 것이다.

그런데 오늘날 민주주의 시대에 그러한 공론정치는 그림의 떡처럼 보일지도 모르겠다. 법치정치(法治政治) 시대에 도덕정치(道德政治)를 강조하고 있으니 말이다. 그러나 그렇지 않다. 왜냐하면 법은 최소한의 도덕으로서 지금도 도덕정치는 매우 절실하기 때문이다. 지금 국민들이 힘들어하는 것은 무엇인가? 물론 사회의 양극화와 통합의 결여가 큰 문제이지만 그 근저에는 역시 소통(疏通)의 문제가 자리 잡고 있고, 그 문제의 핵심은 바로 공공선(公共善)을 추구하는 공공성을 도외시하며 자파의 정치적 이념이나 목적 내지 당파적 이

---

67) 여론이 대중의 공통된 의견의 성격을 갖는다면(mass opinion), 공론은 공중의 공통된 의견의 성격을 지닌다(public opinion). 대중은 불특정 다수의 집합체로서 군중심리에 취약한 군중으로 변하기 쉬운 반면, 공중은 시민의 느슨한 집합체로서 합리적 독립적 자유적 존재이고 엘리뜨이며 이성적 판단을 한다. 양식 있는 시민과 선거 및 고급시험을 통해 뽑힌 공무담당자는 공론의 주체가 될 수 있다.

익의 달성에 급급한 정치리더들의 행태다. 그들의 도덕성(道德性) 결여로 인한 신뢰의 상실이 가장 큰 문제인 것이다. 그래서 유덕자 리더의 중요성은 예나 지금이나 변함이 없으며, '존현사능'과 '소통을 위한 언로개방'은 역시 변함없는 진리이다. 이러한 진리는 사회가 복잡다단(複雜多端)해진 오늘날 오히려 더 요구되고 있지 않은가?

지금 다수의 공통된 의견이라는 여론도 다양해질 수밖에 없어 이미 대중사회에서 한계(限界)를 드러내던 여론정치(輿論政治)가 큰 고비를 맞고 있다. 따라서 각 이익단체나 시민사회, 그리고 언론매체 등의 여론은 공론으로 다듬어져야 하고, 그러한 일은 역시 공식적인 국가기구가 담당해야 할 일이다. 자유 민주국가에서 여론의 공론화는 주로 정부, 국회, 법원, 정당, 그리고 지방정부와 지방의회가 담당해야 한다. 물론 시민단체도 존재하지만 그것들은 당파성에 너무 치우쳐서 별로 쓸모가 없게 되었다.

이와 관련 안타까운 것은 국가기구나 지방자치단체를 구성하는 핵심 구성원의 충원방식이 주로 선거이다 보니, 당선(當選)에 목이 걸려 있는 그들은 공론을 만들어내기는커녕 여론에 휘둘리거나 여론몰이 (포퓰리즘에 합세)를 하는 등 아주 잘못된 행태를 보이는 경우가 많아 공론정치가 쉽게 정착되기는 어려워 보인다는 점이다. 따라서 정치과정상 '국민주권, 국민자치, 권력분립, 입헌주의, 다수결 원칙' 등 현대 민주주의적 원칙을 적용하되, '존현사능'과 '소통'을 관철시킬 수 있는 방법을 모색해야 한다. 그러면 '자유민주적 공론정치'가 가능하여 정치적 통합을 이룰 수 있을 것이며, 나아가 과거의 '왕도적(王道的) 민본정치(民本政治)'와 비견되는 '자유민주적(自由民主

的) 민본정치(民本政治)'가 가시화될 수 있을 것이다.

이와 같이 '존현사능'과 '소통을 위한 언로개방'은 공론정치와 민본정치를 위해 필수적인 요소다. 이 요소가 정치과정에서 관철되어야만 어느 특정 세력이나 집단이 자신들의 정치적 목적 달성을 위해 조작한 위선적이고 독선적인 여론을 국민여론이라는 이름으로 호도하거나 정책에 반영하려는 독단을 넘어설 수 있다. 그런데 민주화 이후 우리나라는 존현사능과 소통을 위한 언로개방이 전혀 작동하지 않고 있다.

우선 '존현사능'과 관련하여, 정치권이 '현자를 존중하고 능력 있는 자를 부리기'보다는 언론에 많이 노출되어 득표에 유리한 자들을 대표로 내세우는 경향이 강하다. 물론 그 중에는 국민적 감동을 주는 자도 없지는 않다. 그렇지만 그 보다는 이유야 어떠하든 시위와 데모 등으로 감옥을 드나들며 젊음을 보낸 자, 국회를 난장판으로 만드는 자, 법을 우습게 알고 천박한 언사를 구사하는 자, 아니면 당선에 급급하여 국민의 가슴에 불을 지르며 사탕발림만 늘어놓는 정치꾼 등, 사람 됨됨이보다는 선동 선정적 언설과 행태로 한 몫 보려는 자들이 상당수 국민의 대표로 뽑히는 어지러운 세상이다. 특히 북한의 죽은 김일성 및 김정일을 정신적 지주로 삼고 대한민국의 정통성과 정체성을 부정하며, 발칙하고 독선적인 언행을 불사하는 종북좌파 출신들마저 국민의 대표로 나서고 있으니 기가 찰 노릇이다. 그들은 사상의 자유니 언론의 자유니 하면서 궤변으로 국민들을 현혹한다. 자라나는 아이들이 그들에게서 무엇을 보고 배우겠는가? 국가 지도자는 국민의 대표

겸 심부름꾼으로서 롤 모델이 되어야 한다.

이렇게 존현사능 보다는 입신양명(立身揚名)을 꾀하는자 내지 당파성이 강한 자들을 대거 국민의 대표로 내세우다보니 국민간의 소통이 꽉 막혀 있다. 지금 우리나라는 언로개방과 관련, 언론의 자유가 넘치고 있기는 하다. 기존의 신문과 방송은 물론 인터넷과 스마트폰 등의 등장으로 엄청난 정보가 흘러 다니고 있으며, 욕설과 궤변 거짓말 등을 포함하여 국민들이 하고 싶은 말은 다 하고 사는 듯하다. 그러나 문제는 대통령(정부)과 국민, 국회와 국민, 정부와 국회, 중앙정부와 자치단체, 각종 언론매체들 사이 등에 불신의 벽이 매우 높아 서로 간에 소통이 잘 안 된다는 점이다. 그러나 무엇보다도 가장 큰 문제는 여당과 야당이 서로 국민의 뜻이라며 자신들의 주장을 관철시키려 국회를 아예 열지 않거나, 열어도 국회를 난장판으로 만드는 것을 보면 국민과 국민 사이에도 불신이 매우 높다는 점이다. 지금 우리나라에서 이러한 불신을 해소하지 않으면 언론의 자유는 넘쳐도 소통은 되지 않으며, 따라서 통합의 정치는 물론 민본정치 역시 공염불이 되고 말 것이다.

이처럼 민본정치의 토대가 되는 공론정치, 또 공론정치의 토대가 되는 '존현사능'과 '소통'의 중요성에 비추어볼 때 민주화 이후 10년에 걸친 좌파정권의 폐해와 그 뒤를 이은 이명박 정권의 무능은 많은 시사점을 던져주고 있다.

우선 국민통합과 관련하여, 김대중은 유신본당이라 자칭하는 김종필 세력과 제휴하여 '국민의 정부'라 일컫는 민주화 정권을 창출하고, 이어 소수파(小數派)로서의 약점을 극복하기 위해 영남세력과 산업화 세력을 포용하는가 하면, 노사정(勞使政) 협의체를 만들어 정치주체들 간의 통합을 꾀하는 등 국민통합에 공을 들였다. 그는 존현사능에 힘을 쓴 것이다. 그는 또 민주화보상심의위원회 및 인권위(人權委)를 만들고 민노총, 공무원노조, 전교조 등을 합법화하거나 활성화시킴으로써 민주주의의 신장에 애를 쓴다. 국민과의 소통에 노력한 셈이다. 그러나 그 소통 과정에서 반미투쟁과 반국가활동에 극렬하게 참여했던 주사파 종북인사(從北人士)들이 민주화 투사들로 둔갑하는가 하면, 그러한 무분별한 민주주의의 신장이 부메랑이 되어 민주화의 성과를 무색케 한다. 예컨대 민주주의적 질서를 짓밟는 막무가내식의 촛불시위나 불법시위를 일삼는 떼법 문화의 발생, 대한민국의 정통성(正統性)과 정체성(正體性)을 부정하는 종북적 좌경세력의 발호 등의 부작용이 생겨, 그것들이 국민들 간의 소통을 방해하고 불신을 가져와 국민통합을 깨뜨리는 요소가 되었음은 간과할 수 없는 측면들이다.

이러한 분열적 기초 위에 성립한 노무현은 '참여정부'를 출범시켰으나 국민통합에 힘쓴 김대중과는 달리 민주당을 깨뜨려 '열린 우리당'을 창당하는 등, 뺄셈정치를 한다. 그는 존현사능을 통해 국민의 여론을 폭넓게 수렴하고 그것을 공론으로 다듬어내는 대신 자파의 정치적 이념이나 목적에 충실하려 함으로써 소통의 부재를 드러낸다. 그래서일 것이다. 그는 스스로 소통의 어려움을 토로하기도 했다. 그리고 그 소통의 부재는 우리 헌법과 역사에 대해 '그 놈의 헌법', 내지 '정의가 패배하고 기회주의가 득세한 역사'라고 말한 그의 의식 속에 고스란히 녹아 있다. 그는 결국 대한민국의 대통령이면서도 대한민국의 정통성과 정체성을 부정(否定)하는 듯한 언설을 남발함으로써 자멸의 길을 걸은 셈이다. 그래도 김대중 정권은 민주화세력과 산업화 세력의 통합을 꾀했고, 종북 주사파를 정권의 중심세력으로 삼지는 않았는데, 노무현 정권은 주사파 출신의 종북 인사들을 상당수 정치과정에 참여시키면서 국보법 폐지, 전시작통권 환수 등 북한의 입맛에 맞는, 그러나 우리 대한민국으로서는 전혀 불요불급한 일에 매달림으로써 나라의 기강을 흔들고 국민통합을 해친 책임에서 자유롭지 못하다. 결국 열린우리당은 정권 말기 당의 간판을 몇 번씩이나 바꾸어보는 등 통폐합을 거듭하다가 스스로 폐족이라 일컬으며 사라져 갔다.

그러나 노무현 정권에 이어 등장한 이명박 정권도 국민통합에 실패한다. 이명박 정권은 '실용정부(實用政府)'로 출범했으나 역시 뚜렷한 비전을 내세우지 못한다. 747 공약 같은 것은 국민을 하나로 결집시키기에는 역부족이었다. 게다가 10년에 걸친 좌파 정권의 인사들이 정부나 공공기관의 요직을 차지하고 있었고, 수많은 좌파적 사회단체나 시민단체가 그들을 떠받치고 있어서 이명박 정부의 항로가 순탄치 않았다. 그들 중에는 수구적 좌파도 적지 않았다. 그런 상황에서 이명박 정권은 자유민주적 가치를 신장시키기 위해 존현사능의 자세로 인재를 선발하고 정치권과 폭넓은 대화를 즐길 필요가 있었다. 그런데 그는 박근혜 세력을 포용하지 못하고, 여의도 정치를 멀리함으로써 인사(人事)가 꼬이고 국민과의 소통에 한계를 드러낸다. 대신 그는 경제 살리기에 역점을 두고 대기업 인사들과 자주 만나는 모습을 보여주었으나, 그것은 오히려 편 가르기 좋아하는 좌파인사들과 야당에게 '1 ; 99 정권'이라는 공격의 빌미를 주어 굵직한 국책사업들을 둘러싼 갈등을 필요 이상으로 증폭시킨다. 게다가 그 와중에서 정치권력, 경제권력, 노동권력 및 힘이 센 이익집단(利益集團)들의 사리사욕과 집단이익을 위한 이기적 언행을 차단시키지 못함으로써 힘들고 가난하게 살아가는 사람들의 설움을 달래주지 못해 국민들 사이에 불신을 초래한다. 그래서 그러한 상황을 타파하고자 이명박 정부는 공정(公正)을 내세워 대중의 정서에 영합(迎合)해 보려 했지만 오히려 대통령의 투철한 정치철학(政治哲學)의 부재(不在)로 비쳐지면서 상황은 더 꼬여갔을 뿐이다.

이렇게 공론정치의 부재로 인해 국민통합이 여의치 못하자 '국리민복' 및 '대외안보' 등을 실현하는 민본정치 또한 국민들의 기대에 훨씬 미달한다.

먼저 국리민복과 관련하여, 김대중 정권은, IT산업 및 중소기업의 육성 등을 통한 경제 활성화를 꾀했지만 뚜렷한 성과를 얻지는 못한다. (IT 산업의 거품화, 코스닥지수의 폭등과 폭락), 또 IMF 경제위기를 조기에 극복했다고 선포했으나 그것은 당시 총선을 의식한 성급한 결정으로 비쳐졌고, 오히려 IMF 극복 과정에서 높은 이자 정책과 신자유주의 정책을 구사함으로써 구조조정이라는 이름으로 많은 회사와 은행이 도산하고 실업자 내지 비정규직(非正規職)이 양산(量産)되어 오늘날 빈부 양극화의 단초를 열었다. 그나마 우리나라는 철강, 자동차, 반도체, 조선 등 박정희 시대에 일구어 놓은 산업화의 과실로 IMF 사태를 그럭저럭 넘길 수 있었지만 실로 IMF 경제위기 이후 빈부 양극화는 계속 심화되어 왔다. 이것은 그 당시 우리가 국민적 지혜를 모으지 못하고 IMF 지시를 고분고분 따른 것에 그 원인이 있지 않은지 면밀한 검토가 필요한 대목이다. 김대중 정권은 또 경기부양을 위해 개인들의 신용카드 남발을 허용하여 소비를 진작시키려다 가계 빚의 증가와 함께 신용불량자를 급증시키는 우(愚)를 범했고, 아파트 분양가 상한제를 철폐함으로써 아파트 가격이 거품을 일으키는 계기를 만들었다.

  이어 노무현 정권은 한미 FTA 협약을 체결할 정도의 안목을 갖추었지만 역시 주목할 만한 경제적 성과를 얻지는 못했다. 그것은 노 정권이 기본적으로는 김대중의 신자유주의적 기조를 계승 유지하면서도, 심정적으로는 자파의 정치적 이해와 관련된 분배, 균형 등 사회주의적 이념에 대한 미련을 버리지 못하여 뚜렷한 경제성장의 동력을 찾지 못했기 때문이다. 혹자는 당시 경제성장률이 지금의 이명박 정권의 그것보다 높았다고 주장한다. 그러나 당시 수출환경은 지금보다 월등히 좋았고 주변국들은 우리보다 월등히 높은 성장률을 기록했다는 점을 간과해서는 안 된다. 우리의 상대적으로 낮은 성장률은 청년실업을 본격적으로 증가시키기 시작했기 때문이다. 게다가 노무현 정권은 편 가르기 식 발상으로 부자를 증오하는 부동산 정책을 감행하여 오히려 부자 동네 아파트 값의 폭등(暴騰)을 초래시키는 역설(逆說)을 낳아, 부자 동네와 보통 동네 간 아파트 값의 양극화로 인한 국민들 간의 빈부격차를 더욱 크게 벌려 놓았다. 그 뿐이 아니다. 전국의 균형발전(均衡發展)을 꾀한다는 그럴 듯한 명분과 정책을 내세워 전국의 땅값을 들썩이게 하였고, 그 보상금이 수도권으로 상륙하여 수도권 버블지역을 형성하는 데 일조하였음은 주지의 사실이다.

그런데 이렇게 난맥상태에 빠진 경제문제를 해결하는 경제대통령이 되겠다고 등장한 이명박 정권은 미국 발 금융위기 및 유럽 발 재정위기의 여파를 막아내는데 급급했다. 무역의존도가 유난히 높은 우리나라는 다행히 이명박 정부의 기민한 대처(통화 스와프, 친기업정책, 원자력 수출, G20 정상회의, 사상 최대의 무역 흑자 등)로 경제위기를 그럭저럭 견뎌냈고, 그 덕에 국가재정 및 은행의 건전성을 인정받아 전 세계에서 유일하게 국가 신용등급이 오르는 쾌거를 이룩한다. 그러나 그 과정에서 기대했던 대기업 번영의 낙수효과가 만족스럽지 못한데다가 일부 대기업의 골목상권 진출 등으로 대기업과 중소기업의 격차가 더 벌어지고 우리나라의 GDP는 계속 늘고 있는데, 부자의 숫자가 늘어나는 이상으로 청년실업과 가난한 자의 숫자도 늘어난다. 게다가 소위 서민을 위해 추진했던 어설픈 보금자리 주택정책이 부메랑이 되어 집 없는 서민들의 전세값이 폭등하는 역설을 낳았고, 주택가격의 하락과 함께 전국 곳곳에서 추진되던 뉴타운 건설의 취소, 주택거래의 격감 등에 의한 '하우스푸어'의 출현을 가져와 빈부격차는 더 심화된다. 그리하여 경제대통령이 되어 난맥상태에 빠진 국가경제를 고쳐보겠다던 이명박 정권은 오히려 중산층의 붕괴와 빈부격차의 심화라는 총체적 난맥상을 보이고 있다.

이러한 난맥상은 정치권 인사들에게 큰 호재가 되었고, 그들은 경제민주화와 복지시리즈를 들고 나와 앞으로 우리나라의 여정에 어두운 그림자를 드리우고 있다. 재벌의 횡포를 막으려는 의도는 이해하지만 지금 정치권의 행태로 봐서는 재벌을 공공의 적으로 만들 태세여서 걱정된다. 또 서민의 생활 안정을 위해 복지도 필요하지만, 우리나라의 경제성장의 실력을 넘어서는 보편적 복지는 곤란하다. 지금의 복지경쟁은 여야(與野)를 막론하고 국민의 세 부담이나 국가 재정의 장래에 대한 정교한 진단 없이 대중의 공짜심리를 자극하는 비도덕적, 비양심적인 행태로 보여 심히 우려된다.

그리고, 김대중 및 노무현 정권은 대외안보와 관련하여 그 의도와는 달리 결과적으로 가장 큰 실책을 범했다고 볼 수 있다. 사실 노태우 정권 때 북방정책이 상당한 성과를 거두어 중국과 소련(러시아)을 통해 북한을 봉쇄함으로써 한국의 페이스대로 북한을 개혁, 개방시킬 수 있는 교두보가 마련되었다고 볼 수 있다. 당시는 소련과 동독의 붕괴를 비롯, 동구의 공산국가들이 줄줄이 쓰러지면서 독립한 러시아의 경제상황이 안 좋았고, 중국 또한 아직 경제 수준이 낮았기에 북한을 돌볼 여유가 없었으며, 오히려 그들 나라에 한국의 도움이 절실한 시기였던 것이다. 그래서 북한은 그 때 극심한 어려움을 겪었는데, 그 상황을 오히려 선군정치로 극복하려 하고 있었다. 그것은 주체사상의 대부 황장엽의 귀순이 증명하고 있다.[68]

그런데 그 때 한국에서는 황장엽을 홀대한 김영삼 정권에 이어 민주화 인사들이 주축이 된 김대중 정권이 들어서고, 연이어 종북

---

68) 97년 당시 북한 경제는 각종 정책 실패로 인해 소련과의 동맹관계가 깨어지고 난 이후 8년간 침체를 거듭하고 있었다. 96년 총생산량은 5년 전의 절반으로, 공업 생산량은 2/3가 줄었으며, 식량 생산 감소량은 40%였다. 미국 통계국의 추정에 의하면 94년에서 98년 사이 약 1백만 명 정도가 기아로 사망한 듯 하다. 이러한 상황에서 권력은 '주체사상' 대신 '붉은 기 사상'이 대두하며 군부로 이동하고 있었고, 전쟁을 반대하며 중국식 개혁론을 폈던 황장엽은 주체사상의 대부로서 설 자리가 없었던 것이다. (두 개의 한국, 2002, 590쪽 및 582-583쪽 참조)

주사파를 포함한 운동권 출신들이 중심이 된 노무현 정권이 들어서면서, 선군정치에 역점을 두는 북한 김정일 정권에게 개혁 개방을 기대하며 햇볕정책으로 일관했으니 당시 한국 집권자들은 번지수를 잘못 짚은 것으로 보인다. 김대중과 노무현은 북한 김정일 정권이 표방한 선군정치(先軍政治)의 본질을 끝내 통찰하지 못하고, 거의 10년 동안 햇볕정책을 신성시하고 북한정권에 대한 비판 (퍼주기 논란, 북한인권, 세습, 미사일 발사 및 핵실험 등)을 금기시 하며 그 정권에게 무분별한 지원을 감행한 셈이다. 그 때 차라리 엄격한 상호주의에 입각한 교류를 기획, 실행했더라면 오히려 남북한 관계는 더 좋아지고, 북한의 핵실험도 자제되는 등 북한의 개혁 개방은, 우리의 페이스를 유지하면서 지금보다 더 진전되지 않았을까 생각된다.

따지고 보면 햇볕정책은 고 김대중 대통령에게 노벨평화상을 안겨 주었지만, 사실은 북한정권에 대한 우리 대한민국의 저자세 외교(쌀, 비료, 현금 지원, 북한의 인권 외면, 대가를 지불한 정상회담 등)였음은 물론, '동포끼리'라는 민족주의적 정서(情緖)를 자극하여 유권자의 표를 얻어 내려는 대한민국 일부 정치세력의 국내 정치적 구호로 기능한 감이 없지 않다. 그러다보니 당연히 햇볕정책은 북한 주민(住民)의 인권(人權)과 생활개선(生活改善)에 아무런 도움을 주지 못했다. 게다가 햇볕정책은 북한의 옷을 벗겨 개방시키기는커녕, 핵과 미사일이라는 든든한 갑옷을 입혀 주고 더욱 단단한 성을 쌓아주는 바탕을 제공했다. 특히 고 노무현 대통령은 젊은이들의 군복무를 '군대에 가서 썩는 인생'으로 표현하면서, 북한정권이 미사일을 날리고 핵실험을 강행하는데도 그에 대해 아무런 이의제기도 못한 채 북한을 방문하여 그들과 의기투합한다. 그리하여 경제난으로 질식해가던 북한 김정일 정권이 기사회생(起死回生), 이제는 핵으로 대한민국을 위협하는 모양새가 되고 있다.

지금 우리나라의 군사와 외교는 중대한 기로에 서 있다. 김대중 전 대통령이 야심 차게 추진했던 햇볕정책은, 우리에게 금강산 구경 및 개성공단을 통한 교류 등의 작은 성과를 가져다주었지만, 결과적으로 김정일 정권만을 더욱 살찌게 하여 그들의 핵무장과 미사일 개발을 도와준 셈이 되었으며, 나아가 남북한 간 긴장완화라는 미명하에 우리의 안보의식(安保意識)을 허물어버렸다는 비난을 면하기 어렵게 되었다. 실제로 북한에서는 햇볕정책을 아주 교활한 대북정책으로 교육시키며 단물만 빨아먹기로 작정을 했다고 하니 김대중은, 국권을 대물림하며 틈만 있으면 마수를 쓰려하는 북한의 전체주의적 독재정권에 대한 통찰력이 부족했거나 아니면 북한의 개혁, 개방이라는 이상에 지나치게 도취해 있었던 것 같다.

이명박 정부는 한미동맹의 강화, 중국과의 외교관계 격상, G20 정상회담, 해외 자원 개발 및 원자력 수출, 평창 동계올림픽 유치, 국가신용등급 상향, 유엔안보리 비상임이사국 진출, 녹색기후기금 사무국 유치 등 대외관계에서 괄목할 만한 성과를 거둔다. 그러나 햇볕정책의 시행착오(施行錯誤)를 시정하려는 과정에서 통찰력이 매우 아쉬운 대목이 적지 않다. 예컨대 미국과의 동맹관계를 강화한 것은 잘 한 일이지만, 그것이 중국과의 관계를 다소 소홀히 한 것으로 비쳐지지 않도록 주도면밀해야 하며, 북한의 각종 도발에 대한 책임은 분명히 추궁하되 최소한의 인도적 지원은 계속함으로써 결국 북한이 믿을 곳은 우리 한국밖에 없다는 인식을 심어줄 필요가 있었다. 이러한 점이 부족해서 북한 당국과 종북 좌파세력에게 중국관계 및 남북대화 단절을 지렛대로 하여 남남갈등을 부추길 수 있는 여지를 주었다.

이와 같이 민주화 이후 이 땅의 지도자들은 '국민의 정부'니 '참여정치'니 '실용의 정부'니 하면서 국민을 위한 정치를 부르짖었지만, 자신들의 낡아 빠진 이념이나 정치적 입지를 고려하여 처신하는가 하면 이런 저런 여론에 휘둘림으로써 도덕성을 상실하고 신뢰를 잃어버렸다. 그래서 노무현 정권의 정치 과잉에 분노하던 국민들은 이제는 이명박 정권의 정치 무관심에 등을 돌리고 있다.

민주화 이후 정치사회가 좀 더 투명해지고 '권위주의 청산'이라는 긍정적 측면도 없지 않으나 '권위'까지 청산해버린 부정적 측면도 그에 못지않다. 예컨대 국정의 책임을 맡고 있는 정치리더들의 이성적(理性的)이고 지성적(知性的)인 발언은 귀담아 들어야 할 내용이라도 조롱과 비방의 대상이 되고 있는 반면, 국정에 아무런 책임을 지지 않아도 되는 일부 연예인들이나 오피니언 리더들의 감성적(感性的), 예능적(藝能的) 발언 및 욕지거리들은 마치 무슨 어록(語錄)처럼 인구(人口)에 회자(膾炙)되는, 참으로 우습지만 웃지 못 할 일이 벌어지는 세상이 되고 말았다. 이러한 현상은 무엇보다도 정치리더들이 국민들의 신뢰를 잃어버렸기 때문이다.

따라서 이제 그 신뢰를 회복하기 위해 신뢰의 리더십에 기초했던 왕도적 민본정치를 오늘에 맞게 재해석하여 자유민주적 민본정치를 그려낼 필요가 있다. 이제는 표를 쫓는 정치꾼들이나 주사파들이 자연 도태되고 그야말로 '존현사능'과 '소통'에 입각한 공론정치가 작동하여 국민과 정치권이 서로 신뢰하는 가운데 정치사회적 통합을 이루어 민본정치를 실현할 수 있도록 제도와 문화를 바꾸어 가야 한다. 특히 '낡은 정치'니 '새 정치'니 하면서 포퓰리즘을 유발시키는 대신 정치의 근본으로 돌아가 보수와 진보 혹은 산업화 세력과 민주화 세력이 서로 관용하고 소통하며 조화를 이룰 수 있도록 권력구조의 개편 및 법적 제도적 장치의 정비를 서둘러야 할 것이다.

권력구조의 개편과 관련하여, 우선 정부쪽은 대통령 결선제 및 중임제(重任制) 허용, 부통령제 신설, 국회의원의 장관 겸직 금지 등이 요청된다.

대통령 결선제는 대통령 출마자 중 투표자의 과반수를 넘는 득표자가 나오지 않을 경우, 최고 득표자 2명을 상대로 재투표하여 투표자의 과반수를 넘는 자를 대통령으로 선출하는 제도다. 이것은 후보단일화와 같은 기형적 선거풍토를 없애고, 나아가 국민들 간 불신의 해소와 국민통합을 위해 꼭 필요한 제도이다. 그리고 대통령 중임제는 민본정치를, 비전을 가지고 보다 소신 있게 추진하기 위함이다.

그 밖에 부통령제는 도덕성과 역량을 갖춘 후계자(後繼者)를 기르기 위한 주요 장치가 될 수 있을 것이다. 국회의원의 장관 겸직 금지는 장관 역시 대통령과 함께 소신을 가지고 국정을 추진해야 하기 때문이다. 국회의원 중에는 국가의 비전은커녕 자신의 벼슬살이를 위해 전전긍긍하는 경우기 너무나 많아 장관으로서 적절치 않다.

다음, 국회 쪽은 양원제(兩院制)로 개편하면서 선거구제 및 정당제 등을 조정함으로써 지역적 이념적 편향성을 타파할 수 있는 방향을 모색해야 한다. 이것은 국민통합 및 여론의 공론화에 가장 크게 기여할 수 있을 것이다. 지금과 같은 단원제 국회의 의원들에게서 공공선을 위한 공론정치를 기대한다는 것은 연목구어(緣木求魚)나 다름없어 보인다. 그들은 비전도 없고 소신도 없어 보이기 때문이다. 그들은 자신들의 이권을 챙기는 일에는 민첩하고 여야가 따로 없지만, 민생을 돌보고 국방을 든든히 하는 일에는 당리당략과 정쟁으로 세월을 보낸다. 그 뿐이 아니다. 선거를 앞두고 세 불리하다 싶으면 그 때부터는 정신이 없어진다. 그들은 대부분 그저 공천과 당선을 위해 우르르 몰려다니며 눈 하나 깜짝 않고 당의 간판을 몇 번씩이나 바꿔치고서는 그것이 뼈를 깎는 반성이요 변화라고 우긴다. 그저 놀라울 뿐이다. 군자는 찾아볼 수가 없고 소인배들만 넘친다.

물론, 양원제가 된다고 해서 국회의원들의 이런 추한 모습이 곧장 사라진다고 장담할 수는 없다. 그렇지만 양원제가 되면 여론이 한 번 더 걸러지는 과정을 통해 졸현사능과 불신의 해소가 점증함으로써 공론에 보다 근접해지는 효과를 기대해 볼 수 있을 것이다. 그리고 양원제가 된다 해도 국회의원 수를 늘릴 필요는 없을 것이다. 상원 100명, 하원 200명 정도면 충분할 것이며, 상원은 정당의 공천을 없애고 각 분야의 전문가 집단으로 구성, 하원에서 통과된 법률을 그야말로 사심 없이 심사하여 공론으로 다듬어내도록 해야 한다. 그렇게 되면 비례대표는 따로 둘 필요가 없어질 것이다.

사법부 쪽 역시 대폭 수술이 필요해 보인다. 노무현 정권 이래로 일부 법관(法官)들의 튀는 재판과 고무줄 형량(刑量)이 구설수에 오르곤 했는데, 이를 반드시 바로 잡아야 억울한 피해가 줄어들 것이다. 또 법관은 양심(良心)과 법률(法律)로 재판해야 하는데, 그것들 대신 편향된 이념성을 가지고 재판하는 법관이 더러 있는 것 같다. 사법권은 존중되어야 하지만 남용되어서는 안 된다. 역사와 인간에 대한 고뇌 없이 천박한 언행이나 부당한 판결로 나라의 질서를 어지럽히는 일이 있어서는 안 될 것이다. 이것들이 바로 양향기준법이 꼭 제정되어야 하는 이유이다. 그들에 대한 특단의 조치가 없으면 사법부의 신뢰를 되찾기는 어려울 것이다. 그들의 특권적 제도의 개선이 시급하다. 예컨대 지금의 10년 임기제 재임명 제도를 손질하여, 적어도 품행이나 언사가 천박하다거나 근무평정이 수준 이하일 경우에는 옷을 벗도록 해야 할 것이다. 사안(事案)에 따라서는 탄핵(彈劾)이 아닌, 좀 더 신속하고 합리적인 방법으로 법관을 퇴출시킬 수 있는 절차를 마련할 필요가 있다. 이러한 노력들이 병행된다면 법관의 판결(判決)도 공론으로서 인정을 받고 국민들의 신뢰를 회복할 수 있을 것이다. 판사도 국가의 지도자급 인사로서 국민과 자라나는 세대의 롤 모델이 되어야 한다.

이와 함께 지방자치제도도 개편할 필요가 있다. 광역자치단체장 및 광역자치단체 의원은 지금처럼 정당의 공천을 받는 선거직(選擧職)으로 하되, 기초자치단체장 및 기초자치단체 의원은 정당의 공천을 배제하고 그야말로 지역(地域)의 '된 사람들'이 선출될 수 있도록 해야 할 것이다. 특히 지방의원들은 급여(給與)를 없애고 명예직(名譽職)으로 하여 비전을 가지고 소신껏 일 할 수 있도록 하는 풍토를 조성한다면, 도덕적 인물의 발굴과 육성에 탄력이 붙고, 그것은 또 여론의 공론화에 크게 기여할 수 있을 것이다.

이러한 권력구조(權力構造)의 개편과 함께 우리는 공공선을 추구하는 도덕성을 갖춘 리더가 많이 나타나지 않을 수 없도록 강제(强制)할 수 있는 좀 더 정밀한 법적 제도적 기제(機制)를 갖추고, 그것들을 엄격히 적용함으로써 정치리더가 되고자 하는 자, 혹은 자라나는 세대에게 깨끗한 자기관리의 지침이 되도록 해야 할 것이다. 현직 공무원들의 비리에 대한 단호한 처벌, 선거를 둘러싼 허위사실을 기획하거나 유포한 자 및 그로 인해 당선한 자는 영원히 공무담임권을 박탈하고 가장 무거운 처벌을 받도록 법을 정교화해야 할 것이다.

끝으로 우리는 보다 장기적인 대책으로서 가정교육(家庭敎育)과 취학 전 아동교육(就學前兒童敎育), 그리고 학교교육(學校敎育)을, '도덕적 리더'와 '도덕적 시민'을 양성하는 체제로 개편해야 할 것이다. 특히 '공공선'의 실현을 위한 정직, 경청, 배려 등이 몸에 배게 하고, 위선, 불법, 탈법 등이 발을 붙일 수 없는 문화적 풍토가 조성될 수 있는 교육을 하도록 조처해야 한다. 이를 위해 나라에서는 균형적 역사관을 지닌 국가관이 투철한 선생님을 양성해야 하고, 학교에서는 대한민국의 정통성과 정체성을 부정하는 내용의 교과서(敎科書)를 퇴출시켜야 할 것이다. 이와 함께 교육감도 선출직이 아닌 임명직으로 전환할 필요가 있다. 왜냐하면 유권자들의 선거 참여가 낮아 교육감의 대표성이 매우 의심스러울 뿐만 아니라 선거부정으로 인한 시비가 끊이지 않아 교육의 수장으로서 모범이 못되고 배울 것이 없기 때문이다. 게다가 좌경화된 일부 교육감들이 사사건건 교육과 학부와 대립함으로써 국가의 백년대계인 교육의 근간을 흔들고 있는 것도 문제다.

여기서 좌경화를 문제 삼는 것은 앞에서 지적한 바와 같이 그들의 역사관과 국가관, 그리고 법률관이 대개 적대적(敵對的) 인간관(人間觀)과 계급투쟁론(階級鬪爭論)에 입각해 있어서 편 가르기 식 교육의 폐해가 막심할 것으로 예상되기 때문이다.

이와 함께 초, 중, 고 학교에서 이루어지는 반장선거 등 각종 선거와, 봉사활동의 점수화, 수행 평가, 자율학습 등의 운영에 정직과 공정, 그리고 협조정신이 깃들 수 있도록 정밀한 검토가 필요하다. 특히 수행평가나 봉사활동의 점수화는 서양식 제도를 무분별하게 들여온 것으로 우리의 문화와 잘 어울리지 않는 것들이다. 수행평가는 대개 중간고사나 기말고사와 겹쳐서 아이들을 힘들게 하는, 평가를 위한 평가가 되고 있고, 학생들의 평가가 아닌 부모들의 평가가 되고 있다. 거의 강제로 실시하는 자율학습은 아이들을 위한 정당한 교육 같지만 사실은 아이들의 준법정신과 양심을 심각하게 병들게 한다. 자율학습은 그야말로 자율적으로 할 수 있도록 풀어주는 것이 아이들에게 자신들의 인권을 챙기는 것을 가르쳐 주는 것보다 민주시민으로서의 교육효과가 훨씬 크다.

끝으로 대학입시는 대폭 간소화하여 각 대학으로 하여금 '수능 성적'이나 '내신 성적' 혹은 '그 양자를 절충'하는 것 중 하나를 택하여 실시하도록 해야 할 것이다. 수능의 수준이나 내신의 산출은 반드시 아이들이 공부한 만큼의 성과를 얻을 수 있도록 조정해야 한다. 우리나라의 많은 제도들, 특히 교육제도는 긍정적인 면을 신장시키기보다는 부정적인 면을 줄이는데 초점을 맞추다보니 왜곡이 점점 심해지고 있다. 입시제도가 수천가지에 이른다고 하니 기가 찰 노릇이다. 이것은 참 불편한 진실이다. 세상에 완벽한 제도는 없다. 부정적인 면을 줄이려는 노력도 필요하지만, 그것은 어디가지나 부수적이어야 하고, 긍정적인 면을 진작시키는 일에 최선을 다 해야 한다.

그런 의미에서 요즈음 유행하는 '입학 사정관제'를 잘 활용할 필요가 있을 것 같다. 그것도 서양에서 빌려온 것으로 우리 문화와는 잘 맞지 않아 문제가 많다. 특히 학습능력이나 사람의 됨됨이 보다는 집안 좋고 스펙 좋고 임기응변에 능하며 말만 잘하는 학생들이 운이 좋게 합격하는 부작용이 걱정된다. 그럼에도 그런 부작용을 상쇄하고도 남는 대책을 계속 강구하면서 제도를 보완해 간다면, 그것은 아이들의 미래 가능성을 보고 뽑는 제도로서 의미가 있을 것이다. 그리고 이것이 수험생의 현재 실력에 보다 더 비중을 두는 수능 및 내신에 의존하는 전형과 함께 크게 투 트랙의 대학입시로서 작동한다면, 대입제도는 대폭 간소화되면서 대학마다 특성 있는 인재를 선발한다는 확실한 신뢰를 얻을 수 있을 것이다.

학교 교육은 아이들이 책임 있는 행동을 할 수 있는 어른이 될 때까지 가르치고 기르며 대화하는 것이지 오냐오냐 하면서 아이들에게 영합하는 것이 아니다. 예컨대 인권(人權)은 인간의 존엄성에 기초하지만, 인간으로서의 책임을 다 해야 하는 의무감도 함께 익혀야 한다. 그런데 아이들에게 의무감보다 인권 챙기는 법부터 안겨주면 자기의 인권만 중요한 줄 알고 다른 사람의 인권은 안중에도 없게 된다. 그들이 진정한 인권이 무엇인지를 알 때쯤에는 이미 돌이킬 수가 없다. 습관은 제2의 천성이기 때문이다. 지금 학교폭력이 만연하고 스승이 없는 학교로 변질되고 있는 현상이 그 증좌다. 아이들은 아직 권리 주장의 주체이기 보다는 보호와 격려의 대상이며 배울 것이 많고 계속 자라나고 있다는 사실을 명심해야 한다.